HYDROGÉOLOGIE

OU

RECHERCHES sur l'influence qu'ont les eaux sur la surface du globe terrestre; sur les causes de l'existence du bassin des mers, de son déplacement et de son transport successif sur les différens points de la surface de ce globe; enfin sur les changemens que les corps vivans exercent sur la nature et l'état de cette surface.

PAR J. B. LAMARCK,

MEMBRE DE L'INSTITUT NATIONAL DE FRANCE,
PROFESSEUR-ADMINISTRATEUR
AU MUSÉUM D'HISTOIRE NATURELLE, etc.

A PARIS,

Chez L'AUTEUR, AU MUSÉUM D'HISTOIRE NATURELLE. (Jardin des Plantes.)
AGASSE, IMPR.-LIB., RUE DES POITEVINS, N°. 18
MAILLARD, LIB., RUE DU PONT DE LODI, N°. 1.

AN X.

Je n'écris point pour ceux qui parcourent les livres nouveaux, presque toujours dans l'intention d'y trouver leurs opinions préconisées ; mais pour le petit nombre de ceux qui lisent, qui méditent profondément, qui aiment l'étude de la Nature, et qui sont capables de sacrifier, même leur propre intérêt, pour la connaissance d'une vérité nouvelle.

HYDROGÉOLOGIE.

L'INTÉRÊT que peut inspirer un ouvrage du genre de celui-ci, n'est pas uniquement en raison du nombre des objets qui y sont considérés, mais en raison du choix et surtout de l'importance de ces objets, fussent-ils en petit nombre.

S'il eût été absolument nécessaire de remplir complétement le cadre qu'embrasse le titre que j'ai choisi, et de traiter avec détail de toutes les considérations qui s'y rapportent, je n'aurais assurément pas entrepris cet ouvrage. Je puis même ajouter qu'en me bornant au petit nombre d'objets que je me suis proposé d'y traiter, j'aurais, malgré cela, pu faire de gros et même d'assez nombreux volumes ; la matière m'en fournissait le moyen, et il ne m'eût fallu que du tems pour cela. Mais, outre qu'en général je fais peu de cas des gros ouvrages, il est entré dans mes vues, que celui-ci soit très-resserré et fort court. S'il a quelque mérite, il ne consistera point sans doute dans l'étendue du travail ni dans une érudition recherchée ; mais dans la nature même et la nouveauté des sujets qui y sont traités, dans l'importance des idées qu'on y trouvera, et dans la convenance indispensable que je leur attribue.

Mon objet, dans cet ouvrage, est donc de présenter seulement quelques considérations que je crois nouvelles et du premier ordre, qui ont échappé aux recherches des physiciens, et qui me paraissent devoir servir de base pour former une bonne théorie de la terre. Je me bornerai, à l'égard de ces considérations, aux développemens strictement nécessaires pour être entendu.

Je vais en conséquence proposer et essayer de résoudre quatre des problêmes les plus importans, et dont la solution doit sans contredit faire le fondement de la véritable théorie du globe terrestre. Les voici :

1°. Quelles sont les suites naturelles de l'influence et des mouvemens des eaux à la surface du globe terrestre ?

2°. Pourquoi la mer a-t-elle constamment un bassin et des limites qui la contiennent et la séparent des parties sèches de la surface du globe, toujours en saillies au dessus d'elle ?

3°. Le bassin des mers a-t-il toujours existé où nous le voyons actuellement, et si l'on trouve des preuves du séjour de la mer dans des lieux où elle n'est plus? par quelle cause s'y est-elle trouvée, et pourquoi n'y est-elle pas encore?

4°. Quelle est l'influence des corps vivans sur les matières qui se trouvent à la surface du globe terrestre et qui composent la croûte dont il est revêtu, et quels sont les résultats généraux de cette influence?

Il ne s'agit pas de créer, à l'égard de ces belles questions, d'ingénieux systèmes, ni de proposer de brillantes hypothèses, en se fondant sur des principes supposés : cette manière d'étudier la Nature et d'en vouloir tracer la marche, avance rarement nos connaissances à cet égard ; et il arrive même le plus souvent qu'elle en retarde les vrais progrès, en nous écartant de la seule route qui peut nous en procurer de solides.

Mais sommes-nous donc réduits à ne pouvoir former, sur ces grands sujets, que des hypothèses arbitraires, que des suppositions gratuites, et, comme le pensent bien des modernes, devons-nous toujours éviter, sous le prétexte de ce danger, d'envisager les questions les plus importantes, pour ne nous occuper qu'à considérer celles d'un ordre inférieur, qu'à recueillir sans cesse tous les petits faits qui se présentent, et qu'à les étudier isolément jusque dans les plus minutieux détails, sans jamais oser chercher à découvrir les faits généraux ou ceux du premier ordre, dont les autres ne sont que les derniers résultats?

Je le vois avec peine; mais dans l'étude des sciences, comme dans tout autre genre d'occupation, les hommes à petites vues ne peuvent réellement se livrer qu'à de petites choses, qu'à de petits détails, et leur nombre est toujours celui qui domine. Or, par suite naturelle de l'estime que chacun attache à ce qu'il peut faire ou à ce qu'il est capable de concevoir, les hommes ordinaires méprisent ou désapprouvent en général la considération des grands objets et des grandes idées.

Si, comme on n'en saurait douter, il est vraiment utile d'apporter, dans la recherche et la détermination des faits, cette précision et cette scrupuleuse exactitude qui honorent les savans qui s'en font une loi; l'excès de l'assujettissement à cette loi devient à la fin dangereux, en ce qu'il tend sans cesse à rétrécir les idées de ceux qui s'y livrent, et par l'habitude qu'il leur donne de ne voir et de ne s'occuper que de petites choses : cet excès jette les sciences physiques cultivées de cette manière, dans un dédale de petits principes multipliés et sans bornes; il leur ôte la simplicité et la clarté qu'elles doivent avoir, sans nuire à la solidité des préceptes; enfin, il en fait l'unique domaine d'un petit nombre d'adeptes qui ont l'esprit propre à s'enfoncer dans ce dédale scientifique et à s'y complaire.

Cependant en s'élevant, par la méditation, à la contemplation de l'ensemble des faits observés, je vois que parmi ces faits il y en a réellement de différens ordres d'importance; en sorte que si ce que je nomme les *petits faits*, ou ceux de l'ordre le plus inférieur, sont les plus faciles à apercevoir, et fournissent aux amateurs de ces petites découvertes un champ inépuisable; la Nature néanmoins nous offre continuellement de grands faits, dont la considération est avant tout indispensable pour la bien juger, mais que l'inattention et trop souvent l'incapacité empêchent de saisir.

La solution des quatre questions mentionnées ci-dessus me paraît s'appuyer sur des faits de cet ordre. Ainsi ces questions, présentées successivement, feront ici chacune la matière d'un chapitre particulier fort court.

Une bonne *Physique terrestre* doit comprendre toutes les considérations du premier ordre, relatives à l'atmosphère terrestre;

ensuite toutes celles du même genre, qui concernent l'état de la croûte externe de ce globe, ainsi que les modifications et les changemens qu'elle subit continuellement ; enfin celles de la même sorte, qui appartiennent à l'origine et aux développemens d'organisation des corps vivans. Ainsi toutes ces considérations partagent naturellement la physique terrestre en trois parties essentielles, dont la première doit comprendre la théorie de l'atmosphère, la *Météorologie;* la seconde, celle de la croûte externe du globe, l'*Hydrogéologie ;* la troisième enfin, celle des corps vivans, la *Biologie.*

Ce n'est donc réellement que la seconde partie de la Physique terrestre que je publie maintenant dans cet ouvrage, à la fin duquel on trouvera, dans un Appendice, un Mémoire sur la matière du feu, considérée comme instrument chimique dans les analyses, et un autre sur celle du son.

CHAPITRE PREMIER.

Quelles sont les suites naturelles de l'influence et des mouvemens des eaux à la surface du globe terrestre ?

AUCUNE question, ce me semble, ne peut être plus importante pour l'établissement d'une bonne théorie du globe terrestre, que celle dont il s'agit; elle prête moins à l'imagination qu'aucune autre pour former des hypothèses; car tout ce qu'on peut dire à son égard, ne peut être fondé que sur des faits généralement reconnus, et ne saurait être appuyé sur des suppositions. Cependant cette grande question, si nécessaire à considérer, si facile à résoudre, me paraît encore neuve, au moins sous son point de vue général, et, comme telle, a été jusqu'à présent négligée des physiciens-naturalistes.

Les mouvemens des eaux à la surface du globe doivent être distingués en deux sortes; savoir : ceux des *eaux douces*, qui opèrent leur influence à la surface des parties sèches du globe dont il s'agit, et ceux des *eaux salées*, qui exercent la leur dans le bassin des mers.

Nous allons voir que ces deux sortes de mouvemens des eaux se contrarient mutuellement, et néanmoins se compensent dans leurs résultats; et que la première sorte constitue l'une des principales causes des *mutations perpétuelles* que subissent les parties sèches du globe, qui s'élèvent au dessus du niveau des eaux marines, tandis que la seconde sorte donne lieu *à l'enfoncement constant du bassin des mers* dans un lit borné de toutes parts.

Résultat de l'influence et des mouvemens des eaux douces.

Les mouvemens des eaux douces sur les parties découvertes du globe sont ceux qui sont occasionnés par les pluies, les orages, les fontes de neiges; en un mot, l'écoulement des eaux vers les lieux bas, comme celui des torrens, des ruisseaux, des rivières, des fleuves, des eaux pluviales de tous les genres; enfin, des sources et des fontaines.

En humectant et lavant sans cesse les parties saillantes au dessus du niveau des mers, les *eaux douces*, aidées par l'action alternative du soleil et des influences atmosphériques (1), altèrent et détachent continuellement de ces parties saillantes, des particules, soit terreuses, soit pierreuses, soit des autres corps qu'elles ont détruits, décomposés ou dissous; les entraînent sans cesse vers les lieux bas, et enfin les portent jusque dans le bassin des mers, qu'elles tendent toujours à combler.

Or, je vais faire voir que, par les suites de ce mouvement des *eaux douces*, les plaines perdent insensiblement leur intégrité et leur niveau; les ravines se forment, se creusent et se changent en immenses vallées; les côtes, qui accompagnent et enferment les bassins des fleuves, se changent en crêtes élevées, se divisent ensuite en différens lobes qui, à leur tour, se taillent et s'aiguisent en montagnes.

Si l'on suppose que toute la partie découverte de la surface du globe ait été dans son origine une vaste plaine, c'est-à-dire, n'ait

---

(1) Rien ne résiste à l'activité des influences alternatives de l'humidité et de la sécheresse, combinée avec celles du chaud et du froid, avec celle des gelées, etc. activité qui est destructive de toute aggrégation de molécules intégrantes ou essentielles, et de toute combinaison quelconque, quoique plus ou moins promptement, selon la nature et l'état des corps qui en subissent les effets.

présenté à l'extérieur qu'une surface plane, n'offrant ni montagnes ni vallons, et n'ayant d'autre courbure que celle qu'elle reçoit de la forme générale du globe; quoique cette supposition ne soit pas nécessaire, parce que sans doute les terrains abandonnés successivement par la mer ne sont pas tous sans inégalité dans leur plan, il m'est aisé de faire voir qu'au bout d'un tems quelconque l'influence des eaux pluviales aura dénaturé ou détruit le niveau et la régularité de cette vaste plaine, et par la suite aura pu former des montagnes semblables à celles que nous connaissons.

En effet, cette influence des eaux pluviales aura d'abord formé sur la surface de la plaine dont il s'agit, des excavations diverses. Bientôt après les eaux, amassées en différens lieux, se seront frayées un passage vers les points les moins élevés de leur voisinage. Celles qui se seront trouvées peu distantes de la mer, s'y seront jetées, et auront tracé sur le sol un petit canal qui se sera agrandi, avec le tems, par la continuité du passage des eaux. De proche en proche les eaux amassées dans les différentes excavations de la plaine se seront jetées dans les canaux qui avoisinent la mer, et par cette voie, jointe au tems nécessaire, auront dû naître les ruisseaux, les torrens, les rivières et les fleuves qui sillonnent de tous côtés les parties découvertes de la surface du globe.

Chaque fleuve se sera creusé, avec l'aide du tems, un bassin vaste, irrégulier comme son cours, et au centre duquel se sera trouvé le lit ou le canal de ses eaux. Chaque bassin aura nécessairement présenté de chaque côté deux côtes élevées plus ou moins distantes, accompagnant son lit presque jusqu'à la mer. La multiplicité des bassins qui se seront établis sur la vaste plaine en question, aura par la suite changé les côtes de chaque bassin en espèce de crêtes. Enfin ces crêtes, saillantes et fort élevées, se trouvant très-souvent baignées ou humectées par les nuages, et inondées par les dégroupemens des nuages orageux ou par des pluies multipliées, auront dû s'imbiber d'une humidité très-abondante. Or, il en sera résulté, par des suintemens continus, des fontaines, des ruisseaux, des torrens qui auront dégradé et divisé ces mêmes crêtes, et les auront partagés en différens lobes. En un mot, ces lobes, plus ou moins aiguisés par les lavages des eaux pluviales, auront formé des montagnes semblables à celles que nous observons maintenant, ou au moins à la plupart d'entre elles.

Cette marche est celle de la Nature, celle de ses moyens connus et de ses facultés, celle enfin qu'indique l'observation de ce qui se passe continuellement sous nos yeux.

Il est donc évident pour moi, que toute montagne qui n'est pas le résultat d'une *irruption volcanique* ou de quelque autre catastrophe locale, a été taillée dans une plaine, ou s'est formée insensiblement dans sa masse, et en a fait elle-même partie : en sorte que les sommets des montagnes qui sont dans ce cas, ne sont que des restes de l'ancien niveau de la plaine dont il s'agit, si les lavages et les autres causes de dégradation n'en ont pas depuis opéré le racourcissement.

Mais, m'objectera-t-on, il n'est pas vraisemblable que des montagnes élevées à plus de 3,000 mètres (plus de 1,500 toises) au dessus du niveau des eaux marines, comme le *Pichincha* au Pérou, dont la hauteur est de 6,274 mètres; le *Pic de Ténériffe*, qui a 3,710 mètres de hauteur; le *mont Blanc* dans les Alpes, qui est haut de 3,076 mètres; le *mont Saint-Gottard*, aussi dans les Alpes, qui a 3,2[illegible]5 mètres de hauteur; le *mont Perdu* dans les Pyrénées, dont la hauteur est de 3,435 mètres; le *mont Etna* en Sicile, qui a 3,258 mètres de hauteur, etc. il n'est pas vraisemblable, ajoute-t-on, que des montagnes aussi hautes aient été taillées dans une plaine dont elles auraient autrefois fait partie, c'est-à-dire, dont elles auraient constitué une partie de la masse; il faudrait, pour que cela eût pu avoir lieu, que les plaines capables de fournir de pareilles montagnes eussent été élevées au dessus du niveau des eaux marines, au moins de toute la hauteur de ces montagnes; ce qui ne paraît ni vraisemblable ni même possible.

A cette objection spécieuse je répondrai que je me crois cependant très-fondé, comme on le verra par la suite de cet ouvrage, à assurer que, parmi les montagnes en question, toutes celles qui ne sont pas le résultat d'irruptions volcaniques, ont été formées et taillées dans une plaine; car celles qui ont été produites par des volcans (et ce sont les plus hautes), comme le *Pichincha*, le *Pic de Ténériffe*, l'*Etna* et bien d'autres, résultent évidemment d'une longue suite de dépôts auxquels les éruptions de ces volcans ont donné lieu. Or, quant aux montagnes non volcaniques, il m'est facile de faire voir que les plaines qui les ont fournies, ont pu autrefois s'être trouvées à cette élévation, et que cette même élévation n'est telle que nous la voyons maintenant, que parce que le niveau des eaux marines qui les avoisinent à présent, est fort changé par rapport à celui qui existait lorsque les mers en étaient très-éloignées.

Quiconque, en effet, méditera profondément sur les faits et les considérations qui vont être exposés dans cet ouvrage, sera nécessairement dans le cas de se convaincre que cette même élévation des plaines qui ont fourni les montagnes non volcaniques, n'est maintenant très-grande que par rapport à l'état actuel des choses, qui n'est plus tel qu'il était réellement alors.

Deux causes, par exemple, ont dû concourir à rendre l'élévation dont il s'agit, aussi grande que nous la trouvons actuellement.

L'une consiste dans l'amoncèlement continuel des matières de remplissage dans la partie du bassin des mers, dont ces mêmes mers s'éloignent insensiblement; car elles n'abandonnent ces parties de son bassin, qui deviennent de plus en plus voisines des côtes qu'elle tend à quitter, qu'après avoir rempli leur fond et l'avoir élevé graduellement. Il en résulte que les côtes que la mer va abandonner,

donner, ne sont jamais constituées par un terrain bien bas, quoique souvent il paraisse tel; car elles sont exhaussées sans cesse par les suites du balancement perpétuel des eaux marines, qui rejette en général de leur côté toutes les matières de remplissage apportées par les fleuves; en sorte que les grandes profondeurs des mers ne se rencontrent point près des côtes que les mers fuient, mais dans leur milieu et dans le voisinage des côtes opposées que ces mers tendent à envahir.

L'autre cause, comme on le verra, se trouve dans les *détritus* successivement accumulés des corps vivans qui élèvent perpétuellement, quoiqu'avec une lenteur extrême, le sol des parties sèches du globe, et qui le font avec d'autant plus de succès, que la situation de ces parties donne moins de prise aux dégradations qu'opèrent les eaux douces.

Sans doute une plaine qui doit un jour fournir les montagnes que les eaux douces tailleront dans sa masse, a pu, lorsqu'elle était encore peu distante de la mer, n'avoir qu'une médiocre élévation au dessus de ses eaux; mais à mesure que le bassin des mers s'est éloigné de cette plaine, ce bassin s'enfonçant toujours dans l'épaisseur de la croûte externe du globe, et le sol de la plaine s'élevant perpétuellement par les *détritus* des corps vivans, il a dû arriver qu'à la suite des siècles l'élévation de la plaine dont il s'agit, soit à la fin suffisante pour qu'un jour de hautes montagnes puissent être formées et taillées dans son épaisseur.

Quoique la chétive durée de la vie de l'homme le mette hors d'état de s'apercevoir de ce fait, il est certain que le sol d'une plaine acquiert sans cesse un accroissement réel dans son élévation, tant qu'il est recouvert de végétaux et d'animaux divers. En effet, les débris successivement entassés des générations multipliées de tous ces êtres qui périssent tour-à-tour, et qui, par suite de l'action de leurs organes, ont, pendant le cours de leur vie, donné lieu à des combinaisons qui n'eussent jamais existé sans ce moyen, et dont la plupart des principes qui les forment, ne furent point empruntés du sol; ces débris, dis-je, se consumant successivement sur le sol de la plaine en question, augmentent graduellement l'épaisseur de sa couche externe, y multiplient les substances minérales de toutes les sortes, et y élèvent insensiblement le terrain.

Les vastes plaines de la Tartarie ont maintenant une élévation très-considérable au dessus du niveau des eaux marines, parce qu'elles ont cessé d'être sous les eaux depuis un tems immémorial, et qu'elles ont dû subir les effets des causes que je viens d'indiquer. Mais à mesure que la mer s'en rapprochera pour les envahir, ce qui arrivera par l'est de ce pays; à mesure que les distances du centre de ces vastes plaines aux rives de la mer seront moins grandes, les mouvemens des eaux douces y creuseront d'énormes vallées, et y tailleront, avec le tems, des montagnes qui auront une hauteur d'autant plus considérable, que les plaines qui les fourniront auront eu plus d'élévation.

L'élévation des plaines que je cite, est un fait reconnu : elle s'est sans doute opérée par la voie que j'indique, par celle des *détritus* successifs des corps vivans qui y ont formé toutes les matières argileuses et calcaires qui s'y trouvent, ainsi que celles qui en dérivent; et quoiqu'il y ait une énorme quantité de siècles que ces plaines existent, si les eaux douces ne les ont pas encore taillées en montagnes, et n'y ont pas creusé d'immenses et profondes vallées, c'est parce que la grande distance qui sépare ces vastes plaines des rives de la mer, ne le permet pas.

Quant aux montagnes de *roches informes*,

qui peuvent être fort antiques, mais qu'on a eu tort, malgré cela, d'appeler *montagnes primitives*, parce qu'il n'y a ni vraisemblance ni preuves qu'il en existe de celles-là; il y a lieu de croire qu'elles ont été formées insensiblement dans la masse même des plaines les plus élevées, et peut-être en partie sous les eaux.

La manière dont se forment les roches quartzeuses, ou granitiques, ou porphyritiques, n'est point du tout la même que celle de toutes les pierres quelconques qui ont été originairement produites par des sédimens successifs, et conséquemment par couches variées en épaisseurs, mais toujours parallèles les unes aux autres. J'en dirai un mot dans le quatrième chapitre.

Or, des *roches informes*, ou quartzeuses, ou granitiques, etc. ont pu, avec le tems et des circonstances favorables, être produites de la manière que j'indiquerai, s'amonceler les unes sur les autres, et à la fin constituer des amas assez considérables pour donner lieu à des montagnes de cette nature, qui se seront d'abord trouvées enchâssées dans la masse des terrains les plus élevés.

Ces montagnes de *roches informes* seront sans doute, en tout tems, distinctes des montagnes à couches pierreuses et des montagnes volcaniques; mais leur existence ni leur formation particulière ne contredisent nullement l'explication que je donne des effets de l'influence des eaux dont il s'agit dans ce chapitre.

Il m'importait donc de démontrer, 1°. que le mouvement des eaux douces à la surface des parties découvertes de notre globe, en altérant, humectant et lavant sans cesse les parties du sol, toujours élevées au dessus du niveau des mers, en détache continuellement des particules terreuses, pierreuses, métalliques, etc. les transporte dans le bassin des mers, et tend sans cesse à combler ce bassin; 2°. que ce mouvement des eaux douces, à mesure qu'il transporte dans les mers tout ce qu'il détache de la superficie des parties découvertes du globe, excave et sillone les plaines, détruit l'uniformité de leur niveau, creuse le lit des rivières et des fleuves, forme les bassins qui contiennent ces lits, et les côtes qui bordent ces bassins; enfin, change ces côtes en crêtes montagneuses, et taille ces crêtes en lobes, qui, en s'aiguisant plus ou moins, constituent les montagnes non volcaniques ni accidentelles, mais qui font partie de chaînes plus ou moins régulières.

Si, dans un grand nombre de ces montagnes, l'on observe des couches plus ou moins inclinées d'un côté, au lieu d'être horizontales, ces inclinaisons de leurs couches proviennent en général de ce que ces points ont autrefois fait partie du rivage toujours incliné de la mer. Souvent néanmoins elles sont dues à des affaissemens particuliers.

En effet, dans beaucoup de montagnes, et spécialement dans les Pyrénées, surtout au centre même de ces montagnes, on observe que les couches sont la plupart, ou verticales, ou tellement inclinées, qu'elles approchent plus ou moins de cette direction.

Mais conclura-t-on de là qu'il y a eu nécessairement une catastrophe universelle, un bouleversement général qui y a donné lieu? Ce moyen, si commode pour ceux des Naturalistes qui veulent expliquer tous les faits de ce genre sans prendre la peine d'observer et d'étudier la marche que suit la Nature, n'est point du tout ici nécessaire; car il est aisé de concevoir que la direction inclinée des couches dans les montagnes peut avoir été opérée par d'autres causes, et surtout par des causes plus naturelles et bien moins supposées que l'événement d'un bouleversement général.

Cette direction inclinée des couches à pu résulter non-seulement de l'inclinaison naturelle du sol, lorsque la partie que l'on considère était près du bord de la mer; des couches successivement formées sur les talus des côteaux et des montagnes; mais en outre elle a pu, et même très-souvent elle a dû prendre son origine dans une infinité d'accidens particuliers aux lieux où on l'observe.

En effet, toutes couches, même les plus horizontales, comme celles qui se sont formées dans les plaines, ont dû, à la suite des tems, par des *affaissemens locaux*, changer en ces endroits leur direction; et il a pu s'en former de tels, qu'ils aient donné aux couches soumises à ces catastrophes particulières, les directions qu'on leur trouve en bien des lieux. Les affaissemens locaux dont je parle sont assez fréquens dans la Nature, et leurs causes directes sont trop connues, pour qu'il soit nécessaire que j'insiste davantage sur ces objets.

Si le mouvement des *eaux douces* tend continuellement à combler et à détruire le bassin des mers, nous allons voir que le mouvement des *eaux salées* ou marines, occasionné par les marées, les courans divers, les tempêtes, les volcans sous-marins, etc. tend au contraire à creuser et à rétablir sans cesse le bassin de ces eaux marines.

Aussi, sans la puissance et l'effet de ce mouvement des *eaux salées*, on sent que les eaux liquides qui constituent les mers, étant d'une densité moindre, et par conséquent d'une moindre pesanteur que les parties solides qui composent la masse de notre globe, devraient s'étendre partout au dessus d'elles, et former autour du globe entier une enveloppe liquide d'un ou plusieurs mètres d'épaisseur, n'ayant nulle part de bassin isolé, et ne laissant aucune partie de matière plus pesante en saillie au dessus de son niveau.

Tels devraient être sans doute l'arrangement et la situation qu'exige l'ordre de pesanteur des matières qui composent la masse du globe terrestre, et que ces matières auraient assurément si une cause principale et constamment active n'en disposait d'une autre manière. Je vais faire connaître cette cause dans le chapitre qui suit.

CONCLUSION.

Il résulte, je crois, de ce qui vient d'être exposé, que *les suites naturelles du mouvement des eaux à la surface du globe*, modifient continuellement l'état de cette surface, en ce que

Les eaux douces, par leur contact, et aidées de l'influence de l'air et du calorique, altèrent sans cesse et détachent les molécules agrégées ou agglutinées des corps bruts; ensuite, par leurs lavages et leurs écoulemens divers, elles entraînent et charient toutes les molécules et tous les corps qui cessent d'adhérer aux masses solides, et les transportent dans le bassin des mers qu'elles tendent à combler.

Par ces effets, les eaux douces détruisent insensiblement le niveau des plaines, surtout de celles qui sont voisines de la mer; creusent les vallons ainsi que les bassins des rivières et des fleuves; enfin, taillent et aiguisent les montagnes.

Les eaux marines, au contraire, ayant perpétuellement leur masse agitée par un mouvement d'oscillation, et en outre se trouvant entraînées par un mouvement général et continuel d'orient en occident, recreusent perpétuellement le bassin qui les contient, et le déplacent sans cesse, quoiqu'avec une lenteur inappréciable. C'est ce que je vais essayer de faire voir dans le chapitre qui suit.

CHAPITRE II.

Pourquoi la mer a-t-elle constamment un bassin et des limites qui la contiennent, et la séparent des parties sèches du globe, toujours en saillie au dessus d'elle ?

Pour quiconque ne pense pas ou s'exerce peu à réfléchir, les faits les plus remarquables ne le frappent pas s'ils sont ordinaires; il les trouve très-simples, très-naturels, parce qu'il les voit tous les jours, et il ne lui vient point à la pensée que la cause de ces faits peut n'être pas connue. Quel est l'homme, parmi le vulgaire, qui ait jamais réfléchi sur le phénomène *de la combustion*, et qui en ait été étonné? Comme il fait ou voit *du feu* tous les jours et partout, jamais il ne lui vient à l'idée qu'il y ait quelque chose de singulier et de peu connu dans ce fait.

De même l'habitude de voir la mer enfoncée constamment dans un lit particulier, laissant autour de ses limites des parties plus pesantes que ses eaux, et néanmoins plus élevées ou en saillie, fait croire à l'homme vulgaire qui a continuellement ce fait sous les yeux, qu'il n'y a rien d'étonnant que cela soit ainsi.

Cependant tout homme capable de méditer profondément sur les grands objets que la Nature offre à son observation, ne peut s'empêcher d'éprouver de l'étonnement en voyant que les *eaux marines* ont constamment un bassin et des limites pour les contenir, et qu'elles sont toujours enfoncées dans l'épaisseur de la couche ou croûte externe du globe, de manière qu'en tout tems et partout leur niveau est plus bas que cette couche externe.

Mais pour peu que ce philosophe observateur examine avec attention tout ce qui a lieu à cet égard, bientôt il s'aperçoit qu'il doit exister une cause puissante qui force les eaux des mers à se creuser continuellement un bassin particulier pour les contenir, à laisser toujours en saillie une grande partie des matières solides qui forment la croûte externe du globe, malgré l'excès de pesanteur de ces matières sur les eaux liquides, et enfin qui détruit sans cesse l'effet des remplissages formés continuellement par le mouvement des eaux douces; en sorte que le bassin des mers ne se remplit jamais.

Voyons donc quelle pourrait être cette cause singulière qui empêche constamment les eaux des mers de se répandre sur toute la superficie du globe, et qui s'oppose à ce que les matières plus pesantes que ces eaux, viennent remplir les lieux bas et s'y fixer.

Le bassin des mers doit son existence et sa conservation aux mouvemens perpétuels d'oscillation des eaux marines, ainsi qu'à un autre mouvement général de ces eaux, lesquels sont sans cesse entretenus par l'influence de la lune et du soleil.

Je ne balance pas à avancer que sans l'influence de la lune, et même un peu celle du soleil, les eaux liquides environneraient nécessairement les parties solides et plus pesantes du globe, c'est-à-dire, le globe entier, sous la forme d'une enveloppe générale liquide ; ne laisseraient aucune matière plus pesante qu'elles s'élever au dessus de leur niveau, et ne seraient jamais renfermées et contenues dans un ou plusieurs bassins isolés.

Or, la cause puissante qui a forcé les eaux marines de se creuser un bassin limité et dominé par des matières solides plus pesantes que ces eaux, et qui empêche continuellement ce bassin d'être comblé par le résultat des mouvemens des eaux douces, et par les suites de l'ordre naturel de pesanteur des matières qui composent la masse de notre globe ; cette cause puissante, dis-je, c'est assurément le *mouvement d'oscillation continuel des eaux des mers*, mouvement qui a d'autant plus de puissance, que les eaux qui y sont assujetties, agissent toujours alors par grandes masses, et produisent des effets qui y sont proportionnés.

On sait en effet que deux fois par vingt-quatre heures les eaux des mers sont élevées au dessus de leur niveau sous le passage de la lune, et alternativement rétablies dans leur situation ordinaire; qu'il se forme alors deux bosses opposées, dont les bases sont énormes en étendue, et que, pour fournir à la formation de ces bosses aqueuses, les eaux marines de toutes les rives baissent ou se retirent. Il en résulte que pendant six heures de suite, les eaux littorales se retirent pour fournir aux bosses générales des deux hémisphères; que les six qui suivent sont employées au retour des eaux dans leur situation ordinaire, et qu'à peine ce retour a-t-il été achevé, les eaux repartent et ensuite reviennent de même, en subissant dans tous les cas les retards que la lune subit elle-même dans son cours.

Ces phénomènes du *flux* et *reflux* des mers ne s'opèrent point sur toutes les côtes à la fois, mais successivement, en commençant par celles qui sont les plus voisines de la zône torride, et finissant vers chaque pôle de la terre, avec des irrégularités qui tiennent aux formes et aux situations des côtes.

A ces considérations il faut ajouter que chaque bosse, c'est-à-dire, que le centre de chacune de ces élévations des eaux se déplace sans cesse, et se trouve successivement sous chaque méridien et son anti-méridien, à mesure que le mouvement progressif de la lune dans son orbite, la fait passer dans chacun des méridiens dont il s'agit.

Il résulte donc des faits connus que je viens de citer, une *oscillation continuelle* dans la masse entière des eaux des mers, qui déplace sans cesse ces eaux même dans leur fond; qui les force de se creuser, proportionnellement au mouvement qu'elles reçoivent, un lit ou un bassin plus ou moins isolé qui s'entretient toujours, puisque la cause qui l'a formé, ne cesse d'agir; enfin, qui repousse perpétuellement vers les bords de ce bassin, tous les aterrissemens et les dépôts amenés dans ce même bassin par les eaux douces. Ajoutez à ces oscillations perpétuelles des eaux marines, les mouvemens qu'elles reçoivent dans certaines régions par des courans rapides; les uns variables, parce qu'ils dépendent des marées et de la position des continens et des îles; les autres constans, parce qu'ils sont produits par un mouvement général des mers dont nous allons bientôt parler, et qui n'est jamais interrompu. En un mot, ajoutez à ces mouvemens locaux des eaux marines, ceux occasionnés par les tempêtes auxquelles ces eaux sont exposées, par des feux et des volcans sous-marins, etc.

Ce que je viens d'exposer suffit pour faire sentir que le vaste bassin des mers, qui ne se comble jamais, a été formé et se conserve par les suites du mouvement de ses propres eaux; et que le mouvement des eaux salées, s'opérant nécessairement dans de grandes masses de ces eaux, et même dans leur masse entière, a tant de puissance, qu'il repousse ou rejette constamment vers les rivages les aterrissemens et les remplissages apportés par les eaux douces, et qu'ainsi il s'oppose efficacement au comblement du bassin des mers.

Mais ce mouvement d'oscillation, qui s'opère dans la masse des eaux marines, prend principalement son origine dans l'influence de la lune, qui l'entretient perpétuellement.

Voilà ce qu'il était nécessaire de remarquer, ce qui montre comme tout s'enchaîne, et ce qui fait sentir que la solution du problême auquel donne lieu l'existence du bassin des mers, est appuyée sur des faits généralement reconnus, et non sur des suppositions gratuites.

Si la lune avait plus de masse ou qu'elle fût encore plus voisine de la terre, et que par cette raison elle élevât tous les jours les eaux des mers à une plus grande hauteur; il n'est pas douteux qu'alors le bassin des mers deviendrait plus profond, plus simple, et que toutes les eaux marines n'acquissent plus de réunion.

Au contraire, si la lune avait une fois moins de masse, ou qu'elle fût une fois plus éloignée de la terre qu'elle ne l'est; alors le mouvement d'oscillation des eaux marines serait une fois moins grand, le bassin de ces eaux aurait une fois moins de profondeur, et l'étendue que ces mêmes eaux occuperaient à la surface du globe, serait une fois plus grande.

Supprimez entiérement le satellite de la terre; alors, au bout d'un tems suffisant, les eaux marines n'auront plus de bassin particulier, et elles couvriront en totalité la superficie

perficie du globe terrestre. Le physicien-naturaliste peut seul apercevoir toutes les conséquences qui résulteraient de la suppression de ce satellite de la terre.

A toutes ces considérations j'ajoute que si, au lieu de la lune, la terre avait pour satellite, et à la même distance que celle de la lune, une planète aussi grosse que *Jupiter* (ce que je sais bien ne pouvoir être), il n'est pas douteux que les mouvemens d'oscillation de nos eaux marines ne fussent alors bien plus considérables. Les bosses aqueuses, sous le passage de Jupiter, seraient extraordinairement grandes, et il en résulterait que les mers ne pourraient occuper que très-peu d'étendue à la surface du globe, mais y auraient une profondeur énorme. Tel est vraisemblablement le cas où se trouve la lune elle-même; car la terre, planète principale, ayant dans sa masse une grande supériorité sur celle de la lune, opère sur les eaux de cette dernière des effets si puissans, qu'elle resserre l'étendue de ses mers, au point qu'à peine peut-on les bien distinguer. Aussi n'est-il pas certain que ce qu'on prend pour des mers dans la lune, en soient réellement.

Tant que les mers auront un bassin particulier, c'est-à-dire, ne formeront pas autour du globe une enveloppe générale liquide, le centre de forme de ce globe ne sera jamais exactement le même que son centre de gravité.

Une cause à laquelle on n'a peut-être pas fait suffisamment attention, me paraît devoir changer continuellement, quoique avec une lenteur extrême, le centre de gravité du globe terrestre, et en faire varier sans cesse la situation.

C'est un fait certain, que le mouvement des eaux à la surface du globe terrestre change continuellement cette surface, dénature son plan, détruit sa forme, et, par une suite nécessaire, fait varier sans cesse l'état de masse de tous les rayons de ce globe, qui se font équilibre les uns aux autres. Il en résulte que ce changement perpétuel de l'état de masse des rayons terrestres doit entraîner proportionnellement le déplacement du centre de gravité du globe, et le séparer du centre réel que je nomme *centre de forme.*

En effet, les rayons de matière dont l'assemblage compose le volume et la masse de notre globe, doivent tous se ressembler, sinon par l'identité de matière, du moins par le rapport de leur masse, et par conséquent de leur pesanteur, avec la seule différence qui naît de ce que les uns ont un mouvement ou une force centrifuge plus ou moins considérable, que les autres n'éprouvent point : ils doivent donc se ressembler par le rapport de leur gravitation, puisqu'ils sont en équilibre les uns avec les autres.

Cependant le mouvement des eaux change sans cesse l'état de masse de chacun de ces rayons, quoique plus ou moins, selon les circonstances de leur situation particulière; car il donne aux uns et ôte aux autres des portions de matières solides, c'est-à-dire, de matières plus denses, et par conséquent plus pesantes que les eaux; ce qui déplace nécessairement le centre de gravité de ces rayons.

Ainsi, par l'effet de l'inégalité de rapport entre la masse des rayons terrestres et leur longueur, le centre de gravité du globe n'est pas le même que son centre de forme. En effet, par une suite de l'inégalité de masse des rayons de ce globe, il arrive que le centre de gravitation est réellement à côté du centre de forme, au lieu d'être confondu avec lui.

J'ajouterai que si, comme on l'a cru jusqu'ici, le centre de gravité du globe terrestre coïncidait parfaitement avec le centre de forme de cette planète, il serait évident que les rayons terrestres en opposition se ressembleraient par leur longueur et par le rapport de leur masse. Or, comment concevoir qu'un rayon terrestre qui aboutit aux grandes profondeurs de la mer, et qui par conséquent est terminé par une colonne d'eau de 5 kilomètres (une lieue forte) ou peut-être davantage en longueur, soit égal en masse à un rayon opposé, composé entiérement de matière solide, si celui-ci n'est plus court que l'autre? Comment concevoir que le rayon terrestre qui soutient les Alpes de la Suisse, pays le plus élevé de l'Europe, ne soit pas un peu plus court que le rayon opposé qui aboutit à l'Océan austral, à environ 40 myriamètres (presque 100 lieues) de la Nouvelle-Zélande?

A la vérité, comme, selon mon opinion, toute la masse intérieure du globe doit être *quartzeuse* et même totalement *vitreuse*, et que ce n'est que près de sa surface que se trouvent les matières composées pierreuses, terreuses et autres, ainsi que les eaux; la distance du centre de gravité du globe à son centre de forme, ne peut être que fort petite. Cette distance, qui vraisemblablement n'équivaut pas à la millième partie en longueur d'un rayon terrestre, fait que l'axe de rotation ne passe pas loin du centre de forme; en sorte que la vîtesse de la révolution diurne de tous les points de la surface du globe, qui sont sur le même parallèle, ne paraît pas inégale, quoiqu'elle le soit réellement un peu.

Il résulte, à ce qu'il me semble, de ce que je viens d'exposer, qu'à mesure que l'Océan déplace son lit en s'avançant d'un côté quelconque, ce que je vais prouver tout à l'heure, le centre de gravitation du globe se déplace également. Et l'on conçoit que ce centre déplaçable, qui est nécessairement opposé aux plus grandes profondeurs de l'Océan, aura fait une révolution complète autour du *centre de forme*, lorsque l'Océan aura achevé sa révolution autour du globe; révolution qu'il paraît avoir faite au moins une fois.

CONCLUSION DE CE CHAPITRE.

Quoique l'influence des eaux douces sur les parties nues de la surface de notre globe tende continuellement à altérer tous les corps, à détacher de toutes les masses solides, des particules qui en faisaient partie; à les entraîner, les charrier et les transporter dans les lieux les plus bas, et conséquemment à contribuer sans cesse au *comblement* du bassin des mers, qui est forcé de les recevoir, d'après les considérations exposées dans ce chapitre, on peut maintenaant conclure que ce comblement est impossible.

Il l'est d'abord, parce la masse des eaux marines recevant, de la part de la lune et même du soleil, un mouvement de balancement perpétuel, recreuse continuellement son bassin, et rejette sur ses bords toutes les matières qui tendaient à le remplir.

Il l'est ensuite, parce que ces mêmes eaux des mers, dans leur rotation commune avec les autres parties du globe, éprouvant, de la part des mêmes astres, une influence qui les retarde, en acquièrent un mouvement particulier d'orient en occident, qui, par sa continuité, déplace peu à peu leur bassin, et lui fait parcourir successivement tous les points de la surface de la terre. Le fondement de ces interessantes considérations va recevoir un nouveau jour dans le chapitre qui suit.

On voit donc maintenant pourquoi la mer a constamment un bassin et des limites qui la contiennent et la séparent des parties sèches de la surface du globe, toujours en saillie au dessus d'elle; et l'on sait que c'est principalement à l'influence du satellite de la terre que la cause de ces faits doit être rapportée.

CHAPITRE III.

Le bassin des mers a-t-il toujours été où nous le voyons actuellement? et si l'on trouve des preuves du séjour de la mer dans des lieux où elle n'est plus, par quelle cause s'y est-elle trouvée, et pourquoi n'y est-elle pas encore?

Il semble, au premier abord, que la solution des questions qui viennent d'être présentées, soit réellement hors de la portée des connaissances humaines; en sorte que pour oser entreprendre de la trouver, il faille avoir une présomption déraisonnable de ses propres moyens.

Néanmoins, si on met un peu d'ordre dans les considérations qui appartiennent à ces grandes questions, on verra sans doute avec surprise que les objets recherchés, se simplifiant de plus en plus par ce moyen, peuvent être véritablement connus par la seule voie de l'observation.

L'examen des causes physiques fait sentir,

à quiconque y donne toute l'attention convenable, que malgré l'oscillation continuelle des eaux marines, opérée principalement par l'influence de la lune, le bassin des mers ne pourrait pas subsister s'il n'éprouvait aucun déplacement, tandis qu'en admettant le déplacement successif de ce bassin dans une direction quelconque, alors toutes les difficultés s'applanissent, quelque lent que puisse être ce déplacement.

Or, les effets que les causes physiques rendent nécessaires à cet égard, des monumens authentiques attestent qu'ils ont eu lieu et qu'ils continuent d'exister. Voyons donc d'abord ce que les causes physiques rendent ici nécessaire; nous porterons ensuite notre examen sur la réalité des monumens qui constatent partout le déplacement successif du bassin des mers dans une direction déterminée, et son séjour dans tous les points de la surface du globe.

Les remplissages apportés continuellement par le mouvement des eaux douces combleraient le bassin des mers ou éleveraient le niveau de ses eaux au dessus de la surface moyenne du globe, si une cause sans cesse active n'opérait le déplacement de ce bassin.

Si le bassin des mers n'éprouvait aucun déplacement, quelque fortes que soient les oscillations des eaux marines, les remplissages apportés par les eaux douces rétréciraient de plus en plus ce bassin et finiraient par le combler, ou au moins par élever graduellement le niveau de ses eaux au dessus de la surface moyenne du globe ; ce qui les forcerait de rompre leurs limites et de se répandre sur cette surface. En effet, ou le repoussement des aterrissemens sur les bords amoncelerait ces aterrissemens sur toutes les rives, et y éleverait de tous côtés des dunes, dont la hauteur ne cesserait de s'accroître que lorsque le poids des eaux les aurait rompues quelque part, ou les eaux marines, insensiblement élevées dans leur niveau, se feraient jour par les embouchures des fleuves pour se répandre partout hors de leurs limites : l'un de ces deux effets aurait lieu nécessairement.

Mais, au moyen d'un déplacement continuel du bassin des mers, opéré dans un sens quelconque, le bassin et les limites de ces mers se conservent, malgré leurs déplacemens, dans l'état qui leur est propre, comme celui où nous les voyons maintenant.

En effet, par la nature d'un mouvement général des eaux marines, dont nous allons parler dans l'instant, les aterrissemens sont portés vers les bords que la mer abandonne, et ne le sont jamais vers celles de ses limites qu'elle ronge insensiblement. La mer, en effet, repousse toujours d'un côté toutes les matières qu'elle reçoit ou qu'elle détache, et qui cèdent au mouvement de ses eaux, et de l'autre côté elle dégrade et envahit sans cesse, quoiqu'avec une lenteur qui nous empêche d'apercevoir son déplacement progressif.

Ainsi, outre que les mers, perpétuellement resserrées par les remplissages qu'occasionnent les eaux douces, recreusent sans cesse leur bassin par le mouvement même de leurs eaux, on ne saurait douter qu'elles n'obéissent, en recreusant leur lit, à une impulsion particulière qui les dirige dans un sens unique, et qui force leur bassin à se déplacer, quoique insensiblement.

Cette considération est si évidente, qu'elle

n'a pu échapper à l'attention de plusieurs physiciens qui ont écrit sur cette matière, et qui se sont trouvés forcés d'admettre, comme un fait incontestable, ce déplacement successif du bassin des eaux marines.

Je dois donc maintenant m'occuper seulement à faire remarquer que le déplacement perpétuel du bassin des mers lui fait nécessairement laisser en saillie les parties qu'il abandonne, en sorte que ces parties sont alors plus élevées que le niveau des eaux marines. S'il en était autrement, l'on sent bien que le bassin des mers ne se conserverait pas, parce qu'insensiblement les eaux s'étendraient régulièrement au tour du globe entier. Mais les eaux marines dégradant sans cesse les rives des terrains qu'elles doivent envahir, et repoussant en même tems les aterrissemens vers les bords qu'elles abandonnent, il en résulte que la mer s'enfonce, d'un côté, graduellement dans une partie de l'épaisseur de la couche solide et externe du globe, tandis qu'elle abandonne et laisse en saillie de l'autre côté les contrées qu'elle recouvrait auparavant.

Si l'on doute que la mer puisse laisser en saillie les parties qu'elle abandonne, je dirai d'abord que cela est prouvé par le fait; car on connaît en Europe, en France même, des terrains que la mer a abandonnés, et l'on sait qu'ils ne sont pas au dessous du niveau des eaux marines, et qu'ils ne peuvent pas l'être. Je dirai ensuite que les résultats connus des mouvemens des eaux des mers présentent deux effets opposés. Dans certaines contrées, les mouvemens des eaux marines dégradent continuellement les rives, et envahissent insensiblement le pays qu'elles bordent. Dans d'autres contrées, l'effet constant des mouvemens des eaux de mer est de rejeter toujours sur les côtes toutes les matières que l'eau a pu déplacer ou entraîner, de les y amonceler insensiblement, et par une suite nécessaire, d'élever ces côtes en y formant des dunes remarquables.

Sur ces dunes, il s'établit par la suite des végétaux qui les consolident, et leurs débris, successivement entassés et consumés, y forment, avec le tems, une couche de terres fertiles ou cultivables, qui va toujours en s'épaississant, et qui élève progressivement le sol.

Les choses arrivent réellement ainsi, parce que les eaux marines reçoivent de la part d'une cause que nous allons indiquer, une impulsion particulière, constante, réglée dans sa direction, et qui leur communique un *mouvement général de l'est vers l'ouest.*

L'Océan atlantique a perpétuellement un mouvement d'orient en occident qui est bien reconnu, et que l'on estime être au moins de 3 lieues par vingt-quatre heures, ou d'un huitième de lieue par heure; ce mouvement porte les eaux de cet Océan contre l'Amérique, et plus particuliérement sur les Antilles, parce qu'il est plus fort entre les tropiques qu'ailleurs. Mais comme les eaux retenues dans le golfe du Mexique font obstacle, ainsi que les Antilles, il en résulte que les eaux qui arrivent sans cesse de l'orient, se partagent et forment deux courans, dont l'un, très-remarquable par sa rapidité, porte du sud au nord, et est connu sous le nom de *canal de Bahama;* l'autre courant longe la côte de la Guyane et porte vers le sud.

C'est sans doute à ce mouvement perpétuel des eaux de l'Océan atlantique, qu'il faut attribuer l'excavation du milieu de l'Amérique, qui forme le golfe du Mexique; et l'on doit présumer qu'à la suite des siècles il rompra l'isthme de Panama, et transformera l'Amérique en deux très-grandes îles ou deux petits continens séparés.

On a soupçonné que cette impulsion, qui

porte sans cesse les eaux des mers à se mouvoir d'orient en occident, pouvait provenir de celle de la lumière du soleil, qui semble chasser continuellement les eaux marines vers l'occident.

Cette cause peut bien produire quelque effet, mais elle n'est pas la seule qui agisse, et même c'est la plus faible de celles qui ont lieu. Selon moi, la principale cause du mouvement général des eaux des mers doit être attribuée à *l'influence de la lune*, c'est-à-dire, au résultat de la gravitation des eaux marines vers la lune, à mesure qu'elle passe vers les points qui dominent ces eaux.

On a en effet remarqué entre les tropiques, que, par une suite de l'élévation successive des eaux sous chaque méridien, lors du passage de la lune, la mer paraissait aller de l'*est* à l'*ouest*. Cela est conforme aux effets physiques qu'on devait attendre; car, le globe tournant sur son axe d'occident en orient, les eaux marines, emportées par ce mouvement général du globe, doivent éprouver de la part de la lune qui les attire, un *retard* particulier, puisqu'elles constituent une matière plus susceptible de céder à cette puissance, que les matières solides qui composent le reste de la surface de notre globe.

Telle est sans doute la cause principale qui communique sans cesse aux eaux des mers un mouvement général de l'*est* vers l'*ouest*.

D'après ce que je viens d'exposer, l'on conçoit que les mers, ayant un mouvement général qui les porte sans cesse de l'orient sur l'occident, doivent dégrader et envahir continuellement le côté de l'*est* des continens, et abandonner proportionellement les côtes occidentales de ces mêmes continens à mesure que leur bassin se déplace. Il devrait résulter de cette cause, une forme et une disposition particulière des continens, qui leur donnerait plus d'étendue en longitude qu'en latitude, et rendrait leur étendue en longueur plus parallèle à l'équateur. Cela cependant n'est pas généralement vrai : en voici la raison.

Si l'on fait attention que le mouvement général des mers, qui les porte de l'orient vers l'occident, est peu rapide, puisque les eaux marines, dans les régions où leur mouvement général est le plus fort, ne parcourent que trois à quatre lieues par vingt-quatre heures, on sentira que ces eaux ne doivent dégrader qu'avec une extrême lenteur les matières solides des continens qu'elles minent; et qu'en attendant qu'elles se soient ouvert un passage libre dans leurs cours, elles sont forcées de refluer vers d'autres points, et de former dans les directions de ces points, des courans non interrompus qui portent sur ces points une partie des gradations et des envahissemens de ces mers.

Alors on ne sera plus étonné de voir que dans leurs efforts de déplacement de l'*est* vers l'*ouest*, les mers arrêtées par l'Amérique et par les côtes orientales de la Chine refluent en grande partie vers le pôle du sud, et avancent continuellement de ce côté les principales portions de leur bassin.

Les mers, dans leur mouvement général, faisaut effort pour se frayer un passage au travers de l'ancien continent, sur ses rives orientales, ont depuis long-tems réduit la portion de ce continent qui unissait la *Nouvelle-Hollande* à l'*Asie*, en un archipel qui comprend les îles Moluques, Philippines et Marianes, et qui est entiérement comparable à celui qui, dans l'immense golfe du Mexique pris dans toute son étendue, constitue les îles sous le vent et les Antilles. Mais dans le golfe du Mexique, la mer n'a pas encore forcé et rompu l'isthme de Panama; au lieu que dans le golfe qui comprend les Moluques et les Philippines, elle s'est ouvert plusieurs passages qui lui permettent de communiquer

avec

avec la mer des Indes par une voie plus courte que par le sud de la Nouvelle-Hollande.

Que l'on compare, sur une bonne carte, l'archipel des Moluques et des Philippines, à celui que les Antilles et les îles sous le vent forment dans le golfe du Mexique, on verra que, pour la situation générale, c'est absolument la même chose, et que la Nouvelle-Hollande est, par rapport à l'archipel des Moluques, ce que l'Amérique méridionale est par rapport aux Antilles.

La mer n'ayant pu forcer jusqu'à présent l'isthme de Panama, ses déviations vers le sud, et la rapidité de ses courans vers la pointe australe de l'Amérique, sont parvenus à détacher du continent de l'Amérique l'île de Magellan.

Elle fit autrefois la même chose sur les côtes orientales de l'ancien continent ; car alors, n'ayant pu s'ouvrir des passages entre les Moluques, le détroit de la Sonde, etc. elle déviait forcément vers le sud, le long de la Nouvelle-Hollande, et y formait des courans qui parvinrent à détacher l'île de *Nouvelle-Zélande* de la Nouvelle-Hollande, qui elle-même tenait alors au continent.

Enfin, ce fut toujours par une suite de la déviation forcée des mers vers le sud, dans leur mouvement général de l'*est* à l'*ouest*, que l'île de Madagascar fut détachée de l'Afrique, et que l'île de Ceylan le fut de l'Inde.

On voit donc que, quoique le mouvement général des mers soit essentiellement de l'*est* vers l'*ouest*, puisqu'il résulte de l'action de la lune qui *retarde* les eaux marines dans leur mouvement commun avec la masse entière du globe, néanmoins les obstacles qu'éprouvent les mers dans leur cours vers l'*ouest*, les forçant de dévier, depuis bien des siècles, du côté du sud, le déplacement du bassin des mers est en train de se faire de ce côté, et non uniquement vers l'ouest.

Il paraît, d'après les observations de plusieurs naturalistes voyageurs, qu'il est certain que la mer se porte graduellement, depuis un grand nombre de siècles, dans les régions situées au-delà de l'équateur; en sorte que, dans ces régions, les îles semblent tous les jours s'enfoncer de plus en plus dans les eaux, et diminuer dans les diamètres de leur étendue. Les *Maldives* ne sont que les sommets des montagnes d'une grande île longitudinale détachée autrefois du sud-sud-ouest de l'Inde, etc. Au contraire, dans les régions boréales de notre globe, diverses observations connues attestent que la mer s'y abaisse insensiblement.

M. Thunberg a fait voir que le *détroit du Sund* se rétrécissait tous les jours, au point de faire prévoir que ce passage sera sous peu de siècles interdit aux navires, et que la mer Baltique pourra devenir un vaste lac.

On sait que le terrain de la Hollande et de la Zélande était anciennement caché sous les eaux, et que celui de la côte orientale d'Angleterre est actuellement bien plus élevé qu'il ne l'était autrefois.

On a observé que la mer baisse dans l'espace de cent ans, de quarante-quatre pouces sur les côtes de la Suède; ce qui prouverait que ce pays n'existait pas encore il y a deux mille ans, ou du moins que ses montagnes n'étaiènt que des îles. Ce résultat d'observations trouve un appui dans l'opinion de Tacite, qui dit expressément que les Sagons habitent des îles; aussi remarque-t-on que la *Suède* offre tous les symptômes d'un pays tout nouvellement sorti des eaux, très-peu de terre végétale sur un roc.

M. Pallas a prouvé que la mer Caspienne avait occupé, dans l'Asie, un espace bien plus grand que celui qui la contient maintenant; et il est arrivé à l'espace qui la sépare de la mer Noire, avec laquelle elle communiquait autrefois, ce qui arrivera immanquablement un jour au *détroit du Sund*, et vraisemblablement un jour au *détroit de Calais*, où la jonction de l'Angleterre à la France s'opérera de nouveau, et transformera la Manche en un golfe profond et rétréci dans le fond, comme la mer Rouge.

Enfin, un grand nombre d'observations consignées dans différens ouvrages, attestent que, sur les côtes d'Allemagne, d'Angleterre, de France, d'Italie, d'Espagne, etc. la mer s'est éloignée en beaucoup d'endroits.

Comme les mers, à cause de la résistance de l'Amérique et de l'Asie orientale, sont, depuis quantité de siècles, en train de se porter vers le *pôle austral*, et qu'elles envahissent continuellement de ce côté; tandis que du côté du nord elles abandonnent et élèvent proportionnellement le sol, l'équilibre qui se détruit de plus en plus dans la pesanteur du rayon terrestre boréal et du rayon austral, doit faire changer insensiblement les deux points opposés de l'axe de rotation du globe. Cela se peut d'autant plus, que cet axe n'est que rationnel, et qu'il doit s'accommoder aux mutations de pesanteur des rayons terrestres.

Quoique de pareils changemens soient, relativement à notre existence éphémère, d'une lenteur excessive, on se convaincra qu'ils s'opèrent effectivement, si l'on fait attention aux antiques observations des Égyptiens, recueillies récemment en Égypte par le citoyen Nouette. En effet, parmi ces observations, qui remontent à une grande antiquité, puisque les prêtres égyptiens faisaient l'énumération de trois cent quarante-un rois qui ont régné dans l'espace de 11,340 ans, il en est qui attestent qu'autrefois la ville de Sienne était sous le tropique, et qu'au solstice d'été, le soleil observé à Alexandrie, n'était éloigné du zénith que de 7 degrés.

Il paraît donc que le point boréal de rotation se rapproche insensiblement de l'Europe, puisque Sienne et Alexandrie en sont maintenant moins éloignées qu'autrefois.

Au reste, on peut remarquer que les changemens que les deux points polaires sont dans le cas de subir par les causes que j'ai indiquées, peuvent très-bien s'opérer sans faire varier l'inclinaison de l'axe terrestre sur le plan de l'écliptique. La variation lente qu'on observe dans cette inclinaison, me paraît indépendante de celle des points polaires.

Je reviens au déplacement du bassin des mers, et je dis que ce déplacement est nécessairement irrégulier, puisque les points de résistance qui se rencontrent dans sa direction naturelle, ne sont et ne peuvent être vaincus successivement qu'avec beaucoup d'irrégularité; mais ces déplacemens n'en ont pas moins constamment lieu, et dans quelque sens que ces déplacemens s'opèrent, les mers n'en parcourent pas moins successivement tous les points de la surface du globe; ce dont nous allons donner de nouvelles preuves. Il suffit à présent qu'on sache que dans cette opération, dont la lenteur est inappréciable, la mer divise, détruit et envahit constamment d'un côté les continens qu'elle rencontre sur son passage, tandis que de l'autre côté elle s'abaisse sans cesse, abandonne le sol après l'avoir élevé, et reforme derrière elle de nouveaux continens qu'elle reviendra détruire un jour.

Des monumens authentiques et irrécusables attestent que la mer a réellement autrefois séjourné dans les points de la surface du globe où maintenant elle n'est plus.

Lorsqu'un examen approfondi de l'état des choses nous montre que, sans l'existence de la lune dans le voisinage de la terre, les mers n'existeraient point elles-mêmes telles que nous les voyons, c'est-à-dire, n'auraient pas un bassin creusé dans l'épaisseur de la croûte externe du globe, des limites et un niveau toujours plus bas que le niveau commun des parties sèches de cette croûte; lorsqu'ensuite on voit que les effets nécessaires du mouvement des eaux douces rendent impossible la fixité des mers dans le même bassin et la conservation de ce bassin, tandis que les suites naturelles de l'influence de la lune sur les mers fournissent une cause suffisante du déplacement successif des mers et de la conservation de leur bassin, il est bien satisfaisant pour le physicien observateur de la Nature, qui tremble toujours de s'égarer dans ses recherches; il lui est bien satisfaisant, dis-je, de voir qu'une masse de monumens irrécusables et de la plus grande antiquité vient pleinement confirmer ce que la considération des causes physiques lui annonçait devoir être.

Tous les naturalistes connaissent ces débris très-anciens d'animaux et de végétaux qu'on trouve dans le sein de la terre et à sa surface, et qui conservent encore leur véritable forme. C'est à ces dépouilles encore reconnaissables de corps organisés, que j'ai donné particulièrement le nom de *fossiles;* nom que l'on ne doit pas étendre indistinctement, comme le font quelques naturalistes, à toutes les substances brutes et minérales qui composent la masse et, d'une manière plus particulière, la croûte extérieure de notre globe.

Sous ce point de vue, les os des animaux à vertèbres, les débris des mollusques testacées, de quelques crustacés, de la plupart des radiaires-échinodermes (les oursins), des polypes coralligènes (les madrépores, etc.) et des parties ligneuses des végétaux, sont véritablement *fossiles*, lorsqu'après avoir été long-tems enfouis dans la terre ou ensevelis dans les eaux, ces débris ont essuyé une altération qui, en dénaturant leur substance, n'a pas néanmoins détruit leur forme, leur figure ni les traits particuliers de leur organisation.

On trouve des *fossiles* dans les parties sèches de la surface du globe, même au milieu des continens et dans les grandes îles : on en rencontre non-seulement dans des lieux fort éloignés de la mer, mais même sur des montagnes et dans leur sein, à des hauteurs considérables. Comme quelques personnes paraissent encore douter qu'on ait trouvé des corps marins fossiles sur les montagnes, voici quelques faits connus que j'ai recueillis sur cet objet.

« Il est certain et reconnu par mille et mille observations, dit Buffon, qu'il se trouve des coquilles et d'autres productions de la mer sur toute la face de la terre actuellement habitée, et même sur les montagnes, à une très-grande hauteur. J'ai avancé, d'après l'autorité de Wodward, qui le premier a recueilli ces observations, qu'on trouvait aussi des coquilles jusque sur les sommets des plus hautes montagnes, d'autant que j'étais assuré par moi-même et par d'autres observations assez récentes, qu'il y en a dans les Pyrénées et les Alpes, à 900, 1,000, 1,200 et 1,500 toises au dessus du niveau de la mer; qu'il s'en trouve de même dans les montagnes de l'Asie, et qu'enfin dans les Cordilières, en Amérique (1), on en a nouvellement découvert à plus de 2,000 toises au dessus du niveau de la mer.

---

(1) Le banc de coquilles dont parle ici Buffon, fut découvert dans les Cordilières par *don Antonio de Ulloa*, en 1761, dans le gouvernement de Ouanca-Velica, à la latitude de 13 à 14 degrés, sur la montagne où est le vif argent. A l'endroit où se trouvent ces coquilles, qu'on dit être du genre des *peignes*, le mercure se soutient à 17 pouces 1 ligne et un quart; ce qui répond à 2,222 toises et un tiers de hauteur. *Voyez* la note dans Buffon, à l'endroit cité ci-dessus.

Buff. *Hist. Nat. Suppl.* vol. V, p. 537 et 538.

» Au dessus du pont de Pisset, dit Lamanon, dans les montagnes des Alpes, du Champsaur en Dauphiné, non loin de la montagne de Chaillot-le-Viel, le baromètre se soutenant à 21 pouces 2 lignes, on trouve des bancs de pierre calcaire d'un gris-blanc, dans lesquels il y a des empreintes de pectinites bien conservées. J'en ai emporté une; c'est le fossile le plus élevé qu'on ait encore découvert en France : il se trouve à environ 1,200 toises au dessus du niveau de la mer.

» M. de Saussure en a trouvé au commencement, à 1,172 toises au dessus de la mer, et M. Duluc, dans les Alpes de la Suisse, à 1,307 toises et un tiers au dessus du même niveau. » *Mémoires Lithologiques* sur la vallée du Champsaur et de la montagne de Drouveire, par le chev. de Lamanon, p. 8.

A 900 toises au dessus du niveau des eaux de la mer, et sur la montagne d'*Ancelle*, dans les Alpes du ci-devant Dauphiné, du côté de Gap, Faujas étant avec Guettard et Villars, botanistes de Grenoble, trouva un banc coquillier composé de buccinites de diverses espèces. Ce banc, qui a plus de deux toises d'épaisseur, est recouvert d'un monticule entiérement formé de *nummulites* (1), et cette éminence, qui est au dessus des 900 toises ci-dessus, s'appelle dans le pays, la montagne des Lentilles. *Hist. Nat. de la province du Dauphiné, par Faujas.* Tome I, p. 260.

Le citoyen Ramond, associé de l'institut national, visita le Mont-Perdu, qu'on regarde comme la plus haute montagne des Pyrénées, et dans une lettre écrite à cette occasion il s'exprime ainsi : « Je visitai tout ce que la neige éternelle et d'épouvantables glaciers laissèrent percer de roches nues. Partout des grès, des brèches et de la pierre calcaire compacte, couverte d'empreintes et de restes de *corps marins.* »

Dans la même lettre, en parlant d'un second voyage que ce citoyen fit sur la même montagne et par un tems plus favorable, il dit : « Cette fois toute la structure de la montagne, le gissement et l'état des bancs, la nature, la succession des couches, tout enfin m'a été manifesté, et j'ai complété la collection des corps marins que ces montagnes renferment. »

---

(1) Nous avons appris par les savans de l'institut d'Égypte, que c'est avec une pierre remplie de *nummulites* ou camerines fossiles, que le château du Caire a été construit.

Au couchant comme au levant, tout est secondaire et plein de coquillages. J'ai envoyé un de mes élèves vers Vignamale ; il m'en a rapporté une corne d'ammon. »

Ce que j'ai trouvé de mieux conservé en débris de corps marins, est une ammonite parfaite, l'impression exacte d'une pectinite, des empreintes de cames, des astéries, beaucoup d'huîtres en substance, des caryophylites et une multitude de madrépores. » *Journal des Mines*, n°. 37, p. 36, 37 et 38.

Le citoyen Picot Lapeyrouse, en parlant des alentours du Mont-Perdu, à la hauteur où l'on rencontre des glaces et des neiges permanentes, s'exprima ainsi :

« Le pied des neiges qui recouvrent en entier le passage de la brèche du Tucarroy, est obstrué par de gros quartiers à angles vifs, de la pierre calcaire et du grès dont nous venons de parler. La surface décomposée de la pierre calcaire offre des coupes longitudinales d'une espèce de came pectiniforme à cannelures profondes : elle y est très-commune (c'est un *cardium*). J'y ai pris aussi un buccin à bec alongé.

» Les alentours du Mont-Perdu abondent en ostracites écailleuses de l'espèce commune (*ostrea....*); j'en ai des groupes entiers, —

et j'en ai d'isolées.... J'en ai d'autres mêlées avec des gryphytes semblables à celles que Gillet avait ramassées au pied du cirque du Marbaré.....

» Ce ne sont pas les seules dépouilles de corps marins qui aient été déposées à une si grande hauteur. Toutes les murailles des environs du lac sont farcies d'un rétépore infundibuliforme (*ocellite*).... La quantité prodigieuse de cette espèce de polypier qu'on trouve ici, non-seulement à la surface, mais encore dans le cœur de la roche, ne permet pas de douter qu'il n'y ait vécu par famille. J'ai des morceaux de ce rétépore, sur lesquels sont groupés des vermiculites (des serpules) et d'autres qui sont percés par de nombreuses piqûres de vers marins. » *Journal des Mines*, n°. 37, p. 55, 56 et 57.

La citation de ces observations connues suffit, je crois, pour convaincre qu'à des hauteurs considérables sur les montagnes, ainsi que dans les plaines, on trouve quantité de débris de corps marins dans l'état fossile, et particuliérement des coquillages, des astéries, des échinites et des polypiers divers.

Les fossiles sont, les uns enfouis dans la terre, et les autres gissant çà et là à sa surface. En beaucoup d'endroits, les fossiles enfoncés dans la terre y forment des bancs d'une étendue de plusieurs lieues en longueur, et même de plusieurs centaines de lieues. On en trouve dans l'épaisseur de la croûte externe du globe, à des profondeurs très-considérables; au fond des puits et dans des mines les plus profondes. En un mot, le nombre de ces dépouilles d'animaux marins est si prodigieux, qu'il n'est pas à croire que la mer en nourrisse davantage, et qu'il devient évident que chaque partie maintenant à nu de la surface du globe, a été autrefois, pendant un tems très-long, un véritable fond de mer.

Non-seulement les fossiles se trouvent dans la terre, mais ils se rencontrent aussi dans la pierre, soit tendre, soit même la plus dure, où ils sont situés dans toutes sortes de directions et sans régularité.

A mesure que la pierre tendre passe à l'état de pierre dure et devient graduellement quartzeuse (1), on remarque dans ce dernier état, entre chacune des coquilles fossiles et la masse pierreuse qui les contient, un petit espace vuide, qui est néanmoins le plus souvent interrompu par les adhérences de quel-

---

(1) *Voyez* mes *Mémoires de Physique et d'Histoire naturelle*, p. 343, §§. 492, 493, 494 et 495.

ques-uns des côtés des coquilles à la pierre.

L'espace vuide dont je viens de parler, est dû au retrait qu'a successivement éprouvé la matière calcaire, en s'altérant pour passer à l'état quartzeux. Quelquefois le vuide dont il s'agit est assez considérable, parce que la coquille ayant été détruite, et ses principes entraînés par la filtration des eaux, il n'en reste plus dans la pierre que le moule qu'elle a formé, c'est-à-dire, que la masse dure, terreuse ou pierreuse dont elle se trouvait remplie avant sa destruction.

Quelquefois les retraits opérés par l'altération que subissent avec le tems les matières minérales qui se durcissent graduellement à mesure qu'elles se dénaturent (1), produisent des affaissemens, et par suite, des compressions locales si considérables, que plusieurs coquilles fossiles en sont éminemment applaties. Nos collections en offrent de nombreux exemples.

Les coquilles fossiles connues sont presque toutes des coquilles marines, c'est-à-dire, des coquilles dont les animaux ont vécu nécessairement dans la mer. Cette assertion est

---

(1) *Voyez* mes *Mémoires de Physique et d'Histoire naturelle*, p. 343, §. 492.

fondée sur l'analogie incontestable du très-grand nombre de coquilles fossiles observées, avec les coquillages marins maintenant connus.

On trouve, à la vérité, quelquefois parmi les fossiles enfouies dans la terre, quelques coquilles terrestres et fluviatiles, qui y sont aussi dans l'état fossile. Leur origine ne doit pas embarrasser; car on sent que les fleuves rapides ont pu porter dans les mers des coquilles fluviatiles qui habitent dans leurs eaux ou dans celles des rivières qui les y auront entraînées, et qu'ils auront de même pu charier dans la mer des coquilles terrestres que des éboulemens auront précipitées dans leur sein. On en trouverait sans doute bien davantage parmi les fossiles marins, si la délicatesse en général des coquilles terrestres et fluviatiles n'était cause que le plus souvent elles sont brisées et détruites avant d'être parvenues à la mer.

Les coquilles fossiles doivent être distinguées, comme celles qui sont dans l'état vivant ou marin, en coquilles littorales et en coquilles pélagiennes. Cette distinction est d'autant plus importante à faire, que la considération des fossiles est, comme nous l'avons déjà dit, un des principaux moyens de bien connaître les révolutions qui se sont opérées à la surface de notre globe. Ce sujet a trop d'importance, et sous ce point de vue il doit tellement porter les naturalistes à étudier les coquilles fossiles, à les comparer avec leurs analogues qu'on pourra découvrir dans l'état marin, enfin à rechercher soigneusement les lieux où chaque espèce se trouve, les bancs qui en sont formés, les lits différens que ces bancs peuvent présenter, etc. etc. que nous ne croyons nullement déplacé d'insérer ici les principales considérations qui résultent déjà de ce qui est connu à cet égard.

Les fossiles qu'on trouve dans les parties sèches de la surface du globe, sont des indices évidens d'un long séjour de la mer dans les lieux mêmes où on les observe.

Comme il est maintenant reconnu et bien constaté qu'on trouve des coquilles marines fossiles dans toutes les parties sèches de la surface du globe, au milieu même de nos continens, sur les montagnes les plus élevées, à la hauteur de 1,000 à 2,000 toises au dessus du niveau de la mer, et qu'on les rencontre souvent par bancs d'une étendue et d'une épaisseur considérables, il convient de rechercher *par quelle cause* tant de coquilles marines peuvent se trouver dans les parties découvertes de notre globe.

Les personnes qui mettent peu de soin à la recherche des connaissances exactes, ont prétendu que les coquilles marines jetées sur tous les continens, où elles s'y sont transformées en fossiles, sont des monumens authentiques du déluge.

D'autres, sans nommer précisément le déluge, assurent que les fossiles sont la preuve d'une catastrophe subite et universelle, ou d'un grand bouleversement qui s'est opéré, au moins à la surface du globe.

Si l'on veut admettre que le déluge ou la grande catastrophe en question ait été cause que la mer a séjourné, pendant une suite de siècles, dans tous les lieux où nous voyons les fossiles, ce qui a été nécessaire pour produire les bancs énormes de fossiles que nous connaissons, et les lits ou les couches régulières qui composent la masse de ces dépôts de corps marins, alors je pourrai tomber d'accord sur cette possibilité, en remarquant néanmoins que la catastrophe universelle dont il s'agit, n'est pas autrement prouvée ; tandis qu'il est possible de concevoir l'existence des fossiles au milieu de nos continens, par une cause plus dans la Nature, moins extraordinaire, et sans avoir recours à des suppositions qui ne sont étayées d'aucune vraisemblance.

Dans le globe que nous habitons, tout est soumis à des mutations continuelles et inévitables, qui résultent de l'ordre essentiel des choses : elles s'opèrent, à la vérité, avec plus ou moins de promptitude ou de lenteur, selon la nature, l'état ou la situation des objets ; néanmoins elles s'exécutent dans un tems quelconque.

Pour la Nature le tems n'est rien, et n'est jamais une difficulté ; elle l'a toujours à sa disposition, et c'est pour elle un moyen sans bornes, avec lequel elle fait les plus grandes choses comme les moindres.

Les mutations auxquelles toutes les choses de ce Monde sont assujetties, ne sont pas seulement des changemens de forme et de nature, mais ce sont aussi des changemens de masse et même de situation.

Toutes les considérations exposées dans les chapitres précédens doivent nous convaincre que rien, à la surface du globe terrestre, n'est immutable. Elles nous apprennent que le vaste Océan, qui occupe une si grande partie de la surface de notre globe, ne peut avoir son lit constamment fixé dans le même lieu ; que les parties sèches ou découvertes de cette surface subissent elles-mêmes des mutations perpétuelles dans leur état, et que tour-à-tour elles sont successivement envahies et abandonnées par les mers.

Il est, en effet, de toute évidence que ces énormes masses d'eau se déplacent, ou plutôt déplacent continuellement, et leur lit, et leurs limites.

A la vérité, ces déplacemens, qui ne s'interrompent jamais, ne se font en général (1) qu'avec une lenteur extrême et presque inappréciable ; mais ils s'opèrent toujours, et avec une constance telle, que le lit de l'Océan, qui perd nécessairement d'un côté ce qu'il gagne de l'autre, a déjà sans doute parcouru non-seulement une fois, mais même plusieurs fois, tous les points de la surface du globe.

S'il en est ainsi, si chaque point de la surface du globe terrestre a été à son tour do-

(1) Je ne parle pas des cas particuliers à certaines localités, où des pays sont quelquefois submergés subitement et envahis par les eaux, soit par les suites de quelque irruption volcanique, soit par la rupture de certaines des limites de la mer, d'où résulte la submersion des terrains moins élevés que son niveau.

miné par les eaux, c'est-à-dire, a contribué à former le lit de ces immenses amas d'eau qui constituent les mers, il en doit être résulté, 1°. que le transport insensible, mais non interrompu, du bassin des mers sur toute la surface du globe, a dû donner lieu à des dépôts de débris d'animaux marins que nous devons retrouver dans l'état fossile; 2°. que ce transport du bassin des mers doit être cause que les parties sèches du globe sont toujours plus élevées que le niveau des mers; en sorte que l'ancien lit des mers ne peut devenir à découvert sans s'élever au dessus des eaux, et sans donner lieu par la suite à la formation des montagnes qu'on observe dans tant de contrées diverses des parties nues de notre globe. Examinons quel peut être le fondement de ces considérations.

Puisqu'il est vrai que le bassin des mers est dans le cas d'éprouver un déplacement continuel, de manière que chaque point de la surface du globe est à son tour recouvert par les eaux, il en résulte évidemment, d'après la lenteur presque inappréciable d'un pareil déplacement, que tout point de la surface du globe qui s'est trouvé dans cette situation, y est resté nécessairement pendant une longue suite de siècles.

En effet, tout point du globe qui a été envahi par les eaux, a dû faire partie du rivage de la mer long-tems avant d'appartenir à son fond : il a donc alors reçu nécessairement les débris des animaux marins qui vivent habituellement sur les rivages. Ainsi les coquilles littorales de tout genre, telles que des peignes, des tellines, des bucardes, des sabots, etc. les madrépores et autres polypiers littoraux, les ossemens d'animaux marins ou amphibies qui ont habité dans le voisinage de ces sortes de lieux, et que nous retrouvons fossiles, sont donc des monumens irrécusables du séjour des bords de la mer sur les points de la partie sèche du globe où l'on observe ces dépôts.

Par la suite, ce point du globe envahi par les eaux, et dont je viens de parler, s'est éloigné insensiblement et graduellement du rivage; il s'est de plus en plus enfoncé sous les eaux, et enfin il a fait partie du lit même de la mer, se trouvant alors un de ceux qui étaient situés dans ses grandes profondeurs : là il a nécessairement reçu les débris des animaux qui vivaient particuliérement dans ces lieux. Ainsi les encrinites, les bélemnites, les orthocératites, les ostracites, les térébratules, etc. tous animaux qui vivent habituellement dans le fond du bassin des mers, se retrouvant la plupart parmi les fossiles déposés dans le point du globe dont il est question, sont des témoins irrécusables qui attestent que ce même lieu s'est aussi trouvé faire partie du fond ou des grandes profondeurs de la mer.

A la vérité, comme on n'a pas de preuve que tous les fossiles que je viens de nommer, appartiennent à des animaux qui vivent habituellement dans les grandes profondeurs des mers, quelques naturalistes se plaisent à repousser l'idée de l'existence des coquilles pélagiennes, et selon eux les animaux des bélemnites, des ammonites, des orthocératites, etc. n'existent plus dans la Nature.

On sent bien que tous les êtres vivans qui habitent dans les grandes profondeurs des mers, doivent être difficilement connus de l'homme, qui n'est pas à portée de pouvoir les observer; mais en nier l'existence par ce motif, c'est ce que je ne crois pas raisonnable, et cela l'est d'autant moins, 1°. que l'on connaît déjà une gryphée marine et différentes térébratules aussi marines, coquillages qui n'habitent cependant point près des rivages; 2°. que la plus grande profondeur où l'on puisse atteindre avec le rateau ou la drague, n'est pas dénuée de coquillages, puisqu'on y en trouve un grand nombre qui ne vivent qu'à cette profondeur, et que sans les instrumens qui y atteignent et les enlèvent, on ne connaîtrait pas les *cones*, les *olives*, les *mitres*, quantité de *murex*, de *strombes*, etc. 3°. qu'enfin depuis la découverte qu'on a faite d'une encrinite recueillie vivante, en retirant une sonde descendue dans les eaux à une grande profondeur, et où vivait l'animal ou le polypier que je viens de citer, il n'est plus possible d'assurer qu'à cette profondeur il n'y a point d'animaux vivans : on est au contraire très-autorisé à penser que d'autres espèces du même genre et vraisemblablement d'autres animaux de genres différens vivent aussi dans de semblables profondeurs. Tout me porte donc à admettre avec Bruguière, l'existence des coquillages et des polypiers pélagiens, que je distingue comme lui des coquillages et des polypiers littoraux.

Les deux sortes de monumens dont j'ai parlé ci-dessus, savoir, les *fossiles littoraux* et les *fossiles pélagiens*, peuvent et même le plus souvent doivent se trouver séparées par lits différens dans le même banc ou dans la même montagne, puisqu'ils y ont été déposés à des époques très-différentes. Mais aussi ils peuvent quelquefois se trouver mélangés ensemble, parce que les mouvemens des eaux, les courans, les volcans sousmarins, etc. ont pu bouleverser les lits que des dépôts réguliers dans des eaux toujours tranquilles auraient laissés par couches bien séparées.

Ce qu'il importe de considérer, c'est que dans un banc de fossiles, la présence des coquilles littorales prouve que ce point de la surface du globe a fait autrefois partie du bord d'une mer quelconque. De même la présence des coquilles pélagiennes fossiles indique avec certitude que les lieux où de pareils dépôts s'observent, ont autrefois fait partie du fond des mers qui ont recouvert la contrée où ils se trouvent.

Toute partie sèche de la surface du globe où la présence et l'abondance des *fossiles marins* prouvent qu'autrefois la mer a séjourné dans cet endroit, a reçu nécessairement pour un seul passage de la mer, deux fois des coquilles littorales et une fois des coquilles pélagiennes, en trois dépôts différens : cela ne saurait être contesté. Or, comme un pareil passage de la mer n'a pu s'opérer complétement qu'avec un espace de tems d'une durée en quelque sorte immense, il s'ensuit que les coquilles littorales déposées au premier séjour du bord de la mer, et constituant le premier dépôt, ont dû être détruites, c'est-à-dire, n'auront pu se conserver jusqu'à présent, tandis que les coquilles pélagiennes formant le second dépôt, et ensuite les coquilles littorales du troisième dépôt, sont vraisemblablement les seules qui existent encore, et qui constituent les fossiles que nous observons.

J'ai dit plus haut que les dépôts de coquilles marines fossiles indiquaient sans équivoque que la mer avait séjourné dans les contrées où se trouvent ces dépôts, et qu'ils ne pouvaient être le résultat d'aucune catastrophe subite, comme l'ont avancé plusieurs naturalistes.

Je fonde mon assertion sur ce qu'aucune autre cause qu'un long séjour de la mer, n'a pu donner lieu à l'existence de ces énormes bancs de coquilles fossiles qu'on trouve dans beaucoup de contrées de parties sèches du globe. En effet, il est aisé de concevoir qu'un long séjour de la mer dans un lieu quelconque a pu permettre par sa durée, à des générations infiniment multipliées d'animaux à coquille, de vivre dans cet endroit, et d'y déposer successivement leurs débris. On conçoit ensuite que ces débris, entassés continuellement, ont pu former ces bancs de coquilles, devenues fossiles après un laps de tems considérable, et dans lesquels il est souvent possible de distinguer différens lits.

Mais une catastrophe qui ne peut être autre chose qu'un bouleversement qui mêle et confond tout, peut-elle avoir formé ces dépôts isolés de fossiles qu'on observe dans tant de pays divers? Et d'ailleurs, comment cette catastrophe aurait-elle pu occasioner le transport de ces amas de coquilles marines au milieu des continens? Enfin, comment dans ces transports supposés aurait-elle pu conserver les couches diverses résultantes des différens dépôts qui se sont successivement formés pendant le séjour des eaux de la mer?

Je pourrais encore demander comment, dans la supposition d'une catastrophe universelle, auraient pu se conserver une infinité de coquilles délicates que le moindre choc pouvait briser, et dont cependant on trouve maintenant un grand nombre dans leur intégrité parmi les autres fossiles. Comment encore eût-il pu se faire que les coquilles bivalves, dont les pierres calcaires et même les pierres parvenues à l'état siliceux, sont lardées, soient toutes encore munies de leurs deux valves, comme je l'ai remarqué, si les animaux de ces coquilles n'eussent vécu dans ces endroits?

Si la mer avait toujours existé dans le même lieu, c'est-à-dire, si son lit n'avait jamais changé de place, la supposition d'une catastrophe universelle ou d'un déluge à une époque quelconque, qui aurait couvert d'eau toute la surface du globe, fût-ce même à la hauteur de mille mètres, n'offrirait pas une cause capable d'avoir pu produire les énormes dépôts de coquilles marines que nous observons dans l'état fossile sur nos continens.

En effet, cette cause n'aurait pas été capable d'enlever du fond des mers les grands dépôts de coquilles dont il s'agit, pour les transporter et les déposer par lits remarquables sur les points du globe que les mers ne recouvraient pas. D'abord, comme je l'ai déjà dit, il a fallu que les animaux marins, dont nous trouvons dans nos champs les débris fossiles, aient nécessairement vécu dans les lieux où nous rencontrons ces débris. Or, cela eût exigé une durée en quelque sorte immense du séjour des eaux qu'on voudrait supposer avoir recouvert à la fois le globe entier.

Ensuite, si, selon la même supposition, le globe eût été partout subitement recouvert par les eaux, les animaux qui vivent habituellement sur les rivages ou sur les bords de la mer, auraient nécessairement bientôt cessé de vivre : il n'y aurait plus eu pour eux de rivages, et ils se seraient trouvés à des profondeurs qui ne leur conviennent pas. Or, si cela eût été ainsi, on ne trouverait pas maintenant, parmi les fossiles, des *coquilles littorales*. Cependant on sait que parmi nos fossiles, ce sont celles-là qui sont les plus nombreuses et les plus abondantes. Et en effet, comme moins anciennes, elles ont dû plus aisément se conserver.

On ne saurait douter que les débris de tant de testacées, que tant de coquilles déposées, par la suite changées en fossiles, et dont la plupart se détruisent totalement avant que leur substance soit parvenue à l'état siliceux, ne fournissent une grande partie de la matière calcaire que nous observons à la surface et dans la couche extérieure du globe terrestre.

Néanmoins il y a dans la mer, pour la formation de la matière calcaire, une cause qui agit bien plus en grand que les mollusques testacées, qui est par conséquent bien plus puissante encore, et à laquelle il faut rapporter les 99 centièmes, et bien plus de la matière calcaire qu'on trouve dans la Nature.

Cette cause, si importante à considérer, c'est l'existence des *polypes coralligènes*, qu'on pourrait aussi nommer *polypes testacées*, parce qu'aussi bien que les mollusques testacées, ces polypes ont la facnlté de former par une transudation ou une sécrétion continuelle de leur corps, le polypier pierreux et calcaire sur lequel ils vivent.

A la vérité, ces polypes sont des animaux si petits, que chacun d'eux ne forme qu'une médiocre quantité de matière calcaire. Mais ici, ce que la Nature n'obtient pas en volume ou en quantité par chaque individu, elle l'obtient amplement par le nombre des animaux dont il s'agit, par l'énorme multiplicité de ces animaux, par leur étonnante fécondité, c'est-à-dire, par l'admirable faculté qu'ils ont de se régénérer promptement, de multiplier en peu de tems leurs générations successivement et rapidement accumulées, enfin par l'ensemble ou la réunion des produits de ces nombreux animalcules.

Or, c'est un fait maintenant bien connu et bien constaté, que les polypes coralligènes, c'est-à-dire, cette grande famille d'animaux à polypier, tels que les millepores, les madrépores, les astroïtes, les méandrites, etc. préparent en grand dans le sein de la mer, par une excrétion continuelle de leur corps, et par une suite de leur énorme multiplication et de leurs générations entassées, la plus grande partie de la matière calcaire qui existe. Les polypiers nombreux que ces animaux produisent, et dont ils augmentent pepétuellement le volume et la quantité, forment en certains endroits, des îles d'une étendue considérable, comblent des baies, des golfes et les rades les plus vastes; en un mot, bouchent des ports et changent entiérement l'état des côtes.

Ces bancs énormes de madrépores et millepores cumulés les uns sur les autres, recouverts et ensuite entremêles de *serpules*, d'*huîtres* diverses, de *patelles*, de *balanes* et de différens autres coquillages qui se fixent par leur base, forment des montagnes irrégulières et sousmarines, d'une étendue presque sans borne.

Or, lorsqu'après un laps de tems considérable, la mer a quitté les lieux où gissent ces immenses dépôts, alors l'altération lente, mais continuelle, qu'eprouvent ces grandes masses laissées à découvert et exposées sans cesse aux influences de l'air, de la lumière et d'une humidité variable, les change graduellement en fossiles, et détruit leur partie membraneuse ou gélatineuse, qui est la plus prompte à se décomposer. Cette altération que les amas énormes de polypiers dont il est question continuent d'éprouver, fait disparaître peu à peu leur organisation et leur grande porosité, atténue sans cesse les parties de ces masses pierreuses, en déplace et rapproche successivement les molécules qui les composent; en sorte que, subissant une nouvelle agrégation, ces molécules calcaires obtiennent un plus grand nombre de points de contact, et constituent des masses plus compactes et plus dures. Il en résulte à la fin, qu'à la place de ces amas de madrépores et de millepores accumulés, on ne retrouve plus que des masses de pierre calcaire compacte, que les minéralogistes modernes ont nommé improprement *calcaire primitif*, parce que n'y voyant plus de traces de coquilles ni de polypier, ils ont pris ces masses pierreuses pour des amas d'une matière existante primitivement dans la nature.

Mais, comme je crois l'avoir suffisamment prouvé ailleurs (1), cette matière calcaire

---

(1) *Voyez* mes *Mémoires de Physique et d'Histoire naturelle*, page 323, §. 459 et suiv., et page 336, §. 479 et suiv. *Voyez-y* de même le §. 498.

n'est

n'est pas plus primitivement dans la nature, que le sont les autres productions des êtres vivans, c'est-à-dire, que les diverses parties constituantes des végétaux, que les résines, les mucilages, etc. ou que les parties gélatineuses, fibreuses ou osseuses des animaux, et que la graisse, la bile, l'urine, etc. toutes matières plus ou moins sécrétoires, mais formées essentiellement par les résultats de l'action organique de ces êtres vivans; matières qui n'existent dans la nature que par eux, qui s'y détruisent continuellement, et sont perpétuellement reformées et déposées par eux.

La matière qui constitue les masses de pierre calcaire dans lesquelles on ne retrouve plus de débris ni même de traces des coquilles, et surtout des madrépores qui les ont formés, devrait donc être, à plus juste titre, nommée *calcaire antérieur*, que calcaire primitif; et pour la distinguer de celle qui forme les masses calcaires tendres, moins compactes et moins anciennes, et qui présentent encore des débris de polypiers ou de coquilles, on pourrait nommer celle-ci *calcaire postérieur*.

D'après ces observations, il convient donc de distinguer, dans l'examen qu'on fait des montagnes, les masses qui sont constituées par du *calcaire postérieur*, c'est-à-dire, par du calcaire peu compacte et encore conchylifère ou madréporifère, de celles qui ne présentent plus que du *calcaire antérieur*, c'est-à-dire, du calcaire dur, compacte, dépourvu de débris et de traces de corps marins. C'est ce dernier (le calcaire antérieur) qu'on voit souvent plus ou moins changé en quartz, par suite des altérations qu'il continue d'éprouver avec le tems; et alors les minéralogistes, qui méconnaissent cette marche de la Nature, disent que ce calcaire est mêlé avec du quartz, etc.

Oui, je ne balance pas à le dire, je pense, je suis même très-persuadé que l'énorme quantité de matière calcaire qu'on rencontre dans les parties sèches ou découvertes de notre globe, et qui y constitue les bancs souterrains et les montagnes de pierre à chaux qu'on y voit si abondamment, sont principalement l'ouvrage des animaux à polypiers, c'est-à-dire, des madrépores, millepores, etc. (1), et qu'ils y sont, tout aussi bien que les coquilles marines fossiles, des preuves sans réplique du séjour de la mer dans ces endroits. Dans divers de ces bancs de pierre calcaire,

---

(1) *Voyez* mes *Mémoires de Physique et d'Histoire naturelle*, p. 342, §. 490.

on retrouve encore très-souvent des places où l'organisation, c'est-à-dire, la structure des madrépores, etc. est très-reconnaissable.

On ne dira pas sans doute que ces bancs de polypiers, que ces montagnes de madrépores, etc. sont les résultats d'une catastrophe universelle; car qui est-ce qui ne verrait pas, dans une pareille supposition, l'aveu tacite qu'on ignore la cause qu'on voudrait expliquer?

Les seules catastrophes qu'un naturaliste puisse raisonnablement admettre comme ayant pu avoir lieu, sont les catastrophes partielles ou locales, celles qui dépendent de causes qui n'agissent qu'en des lieux isolés: tels sont les bouleversemens qui sont causés par des éruptions volcaniques, par des tremblemens de terre, par des inondations locales, par de violens ouragans, etc. Ces catastrophes sont avec raison admissibles, parce qu'on en a observé d'analogues, et qu'on connaît leur possibilité; aussi est-on fondé à croire qu'il en a pu exister de semblables dans les endroits où l'on aperçoit les traces des bouleversemens auxquels elles peuvent donner lieu.

Mais l'effet de ces catastrophes locales est borné, comme le sont les lieux qui les voient naître. Aussi je n'imagine pas qu'on soit tenté de leur attribuer la formation de ces énormes bancs de coquilles marines fossiles qu'on rencontre dans les diverses parties sèches du globe, de ces bancs nombreux et souterrains de pierre à chaux, de ces montagnes calcaires et de ces rochers de marbres qui laissent encore des traces très-reconnaissables de l'organisation des madrépores, etc. dont ces masses sont en grande partie les résultats, et que les pays découverts de la surface de notre globe nous montrent presque partout ; enfin, de ces grands amas de sel gemme ensevelis dans les terres de certains pays, ainsi que de ces vastes contrées dont tout le sol est encore abondamment saumâtre, et qui sont cependant situées au milieu même de l'ancien continent.

Quelque grande que soit la prévention en faveur d'une prétendue catastrophe universelle que rien ne constate, et qui même n'aurait pas été capable de produire les faits observés, il sera toujours très-difficile de contester l'authenticité des monumens divers répandus sur la surface des parties sèches du globe, et qui attestent que les parties découvertes de cette surface ont été autrefois ensevelies sous les eaux pendant une suite de siècles, dont le terme n'est pas connu.

Par suite de l'examen des faits que j'ai cités, j'ai dit plus haut que le bassin des mers se déplaçant successivement, a déjà parcouru non-seulement une fois, mais *même plusieurs fois* tous les points de la surface du globe : voici sur quoi je me fonde.

Dès que la mer se déplace perpétuellement, et qu'il y a des preuves qu'elle a déjà fait au moins une fois le tour du globe, ce qu'attestent les *corps marins fossiles* trouvés dans toutes les parties sèches et découvertes de ce globe, même au milieu des continens, on sent d'abord qu'elle peut l'avoir fait plusieurs fois ; mais il y a déjà des faits recueillis qui viennent à l'appui de cette présomption, et qui paraissent propres à la changer en certitude.

Plusieurs naturalistes m'ont assuré que, sur nos côtes de la Manche, les rochers sont lardés de gryphites, de *cornes d'ammon* (d'ammonites) et de quelques autres coquilles qu'on sait n'habiter que les grandes profondeurs de la mer. J'ai vu, de ces endroits, une coquille littorale vivante (dans l'état frais), fixée sur une coquille pélagienne fossile.

On trouve en abondance, aux *Vaches-Noires* (petites montagnes sur nos côtes de la Manche), des coquilles pélagiennes fossiles. Enfin, on m'a assuré qu'il y a, dans le voisinage de ces Vaches-Noires, une manufacture de poterie, où l'on est dans l'usage, pour se procurer une bonne argile, d'attendre que la mer se soit retirée : on va alors à environ un quart de lieue, dans la portion de son lit qu'elle a laissé à découvert, et là on trouve une bonne argile, mais dans laquelle existent quantité de *coquilles pélagiennes fossiles*. La mer, qui est actuellement en ces lieux, n'y est donc pas pour la première fois? D'ailleurs, les coquilles marines fossiles qu'on trouve à plus de 60 pieds de profondeur dans la terre, n'y sont pas très-vraisemblablement du dernier passage des mers.

CONCLUSION DE CE CHAPITRE.

A la question présentée au commencement de ce chapitre, on peut maintenant répondre que le bassin des mers n'a pas toujours été où nous le voyons actuellement; et que si, d'une part, l'on connaît une cause capable d'opérer le déplacement de ce bassin, d'autre part on a des preuves qu'il a été réellement déplacé, puisque la surface entière des parties nues du globe est couverte de monumens irrécusables, qui attestent que la mer a long-tems séjourné dans les lieux où elle n'est plus aujourd'hui. On peut enfin conclure que si la mer n'est plus maintenant dans les lieux qu'elle a long-tems habités, c'est que la cause qui l'y avait fait arriver, l'a forcée de s'en retirer; et l'on doit être persuadé que la même cause saura l'y ramener un jour.

Une autre conclusion bien remarquable peut être tirée de ces considérations : c'est que le déplacement du bassin des mers produisant une inégalité constamment variable dans la masse des rayons terrestres, fait nécessairement varier le centre de gravité du globe, ainsi que ses deux points polaires. En outre, comme il paraît que cette variation, toute irrégulière qu'elle est, n'est point assujettie à des limites, il est très-vraisemblable que chaque point de la surface de la planète que nous habitons, est réellement dans le cas de se trouver successivement dans tous les climats divers.

Qu'il est curieux de voir que de semblables soupçons reçoivent leur confirmation de la considération de l'état de la surface du globe et de sa croûte externe, de celle de la nature de certains fossiles qu'on trouve en abondance dans les régions boréales de la terre, et dont les analogues vivent maintenant dans les climats chauds; enfin, de celle des antiques observations astronomiques des Égyptiens !

Oh ! quelle est grande, l'antiquité du globe terrestre ! et combien sont petites les idées de ceux qui attribuent à l'existence de ce globe une durée de six mille et quelques cents ans, depuis son origine jusqu'à nos jours !

Le physicien - naturaliste et le géologue voient, à cet égard, les choses bien différemment; car, pour peu qu'ils considèrent, l'un, la nature des fossiles répandus en si grand nombre dans toutes les parties nues du globe, soit à des hauteurs, soit à des profondeurs considérables; l'autre, le nombre et la disposition des couches, ainsi que la nature et l'ordre des matières qui composent la croûte externe de ce globe, étudiée dans une grande partie de son épaisseur et dans la masse des montagnes, combien n'ont-ils pas d'occasions de se convaincre que l'antiquité de ce même globe est si grande, qu'il est absolument hors du pouvoir de l'homme de l'apprécier en aucune manière !

Sans doute nos chronologies ne remontent pas fort loin, et ne pourraient le faire qu'en s'étayant sur des fables. Les traditions, soit orales, soit écrites, se perdent nécessairement, et il est dans la nature des choses que cela soit ainsi.

Quand même l'invention de l'imprimerie serait plus ancienne qu'elle ne l'est, qu'en pourrait-il résulter au bout de dix mille ans? Tout change, tout s'altère, tout se perd ou se détruit. Toute langue vivante change insensiblement son idiôme ; au bout de mille ans les écrits faits dans une de ces langues quelconques ne pourront être lus qu'avec difficulté; après deux mille ans aucun de ces écrits ne saurait être entendu. D'ailleurs, les guerres, les régimes vandalismes, l'intérêt des tyrans et de ceux qui dirigent les opinions religieuses, qui porte toujours sur l'ignorance de l'espèce humaine, et s'en fait un appui; que de causes pour que l'histoire et les sciences éprouvent, d'époques en époques, des révolutions qui les détruisent plus ou moins complétement! Que de causes pour que les hommes perdent la trace de ce qui a existé, et ne puissent croire à l'immense antiquité du globe qu'ils habitent, ni même la concevoir!

Combien cette antiquité du globe terrestre s'agrandira encore aux yeux de l'homme, lorsqu'il se sera formé une juste idée de l'origine des corps vivans, ainsi que des causes du développement et du perfectionnement graduels de l'organisation de ces corps, et surtout lorsqu'il concevra que, le tems et les circonstances ayant été nécessaires pour donner l'existence à toutes les espèces vivantes telles que nous les voyons actuellement, il est lui-même le dernier résultat et le *maximum* actuel de ce perfectionnement, dont le terme, s'il en existe, ne peut être connu !

CHAPITRE IV.

Quelle est l'influence des corps vivans sur les matières qui se trouvent à la surface du globe terrestre, et qui composent la croûte dont il est partout revêtu ; et quels sont les résultats généraux de cette influence ?

S'IL est vrai que, dans l'étude de la Nature, on s'expose à l'égarement en s'efforçant d'expliquer les grands faits qu'elle nous offre, avant d'avoir suffisamment considéré la nature et l'ordre des faits particuliers qui en dépendent, ainsi que leur enchaînement mutuel, ce que je ne saurais nier, il n'en est pas moins aussi très-vrai qu'il est dangereux, pour l'avancement réel de nos connaissances, de se renfermer uniquement dans la considération des petits faits particuliers, et de s'enfoncer sans réserve dans le labyrinthe inextricable de toutes celles qui naissent des détails inépuisables où elles entraînent.

On se perd dans les ramifications multipliées que ces petites considérations présentent ; on forme malgré soi une multitude de suppositions qui deviennent nécessaires dès qu'on a perdu de vue les grands principes qui y sont relatifs, et l'habitude de tout rapporter à ces suppositions fait bientôt oublier ce qu'elles sont elles-mêmes, et nous les fait regarder comme des vérités démontrées ; ce qui arrête plus le vrai progrès des sciences, que si l'on avait totalement cessé de les cultiver.

Je le dis avec peine, et je ne le fais que parce que cela est relatif aux objets dont je dois traiter dans ce chapitre ; je crois qu'il est une branche des sciences physiques que les savans modernes ont inconsidérément jetée dans un dédale semblable de principes compliqués, adaptés à un nombre infini de petits faits qui ne méritent point d'être considérés isolément. La complication croissante de ces principes me paraît sans terme, et déjà elle a réduit cette branche de nos connaissances à être l'unique domaine d'un petit nombre d'hommes qui se complaisent dans la considération de ces minutieux objets.

Sans doute les savans dont je parle ont cru bien faire, et même ils restent persuadés que leur marche est la seule qui soit utile à l'avancement de la science. Ainsi, se confiant uniquement à leur zèle et se reposant sur leur intention, ils procèdent de la manière suivante:

Toutes les petites modifications qu'ils observent dans les corps, sont pour eux des motifs suffisans pour en former autant de substances particulières qu'ils supposent exister essentiellement dans la Nature. Aussi dans leurs listes, qui s'agrandissent chaque jour, les *terres nouvelles*, les *nouveaux métaux*, les *nouveaux acides*, les *gaz nouveaux*; en un mot, les *nouvelles substances* de tout genre se multiplient de manière qu'il est à croire qu'on est encore loin du terme qui doit en borner la quantité.

Une seule considération cependant suffisait pour arrêter cet écart.

Qu'ils fassent attention que toute matière composée quelconque peut varier à l'infini *dans son état de combinaison* et *dans les proportions de ses principes*, jusqu'à ce qu'ils en soient tous entièrement séparés. Après chaque mutation, quelque grande ou petite qu'elle soit, la matière observée aura nécessairement alors *des qualités particulières* relatives à son nouvel état ou à sa nouvelle modification (1).

(1) A l'égard de certaines matières peu compliquées

Que l'on pèse bien cette considération, et l'on sentira l'inutilité qu'il y a, le tort même qu'on a de saisir toutes les nuances que les matières composées peuvent offrir, soit dans leur état de combinaison, soit dans les proportions de leurs principes, pour les présenter comme autant de matières particulières que l'on suppose exister essentiellement dans la Nature, tandis qu'elles ne sont réellement que le résultat des altérations que d'autres matières ont été dans le cas de subir.

Qui peut assigner le terme de tant de nuances, et entreprendre de les saisir toutes séparément? Et quand même on y pourrait parvenir, quelle utilité en résulterait-il, soit pour la science, soit pour les besoins ou pour l'avantage de l'homme?

Le principe qui nous apprend ce que toute matière composée peut devenir et présenter dans tous les cas possibles, vaut mieux lui seul, à tous égards, que toutes les connais-

---

dans leur composition, telles que le soufre, certains sels, etc. on connaît déjà, et l'on trouvera encore des procédés pour les détruire et pour les réformer à volonté; mais cette faculté de l'art est bornée aux objets particuliers d'une composition très-peu compliquée, et jamais elle ne s'étendra aux productions immédiates ni prochaines des corps vivans.

sances de détail des cas particuliers que l'on viendrait à bout de se procurer. Il constitue, dans l'objet dont il s'agit, la véritable science, la seule digne de l'attention du philosophe, la seule utile à l'homme qui étudie, non ces petites choses, mais la marche même de la Nature qu'il a intérêt de connaître.

La postérité, très-vraisemblablement, regardera un jour comme une sorte de puérilité cet empressement qu'on met, dans ce siècle, à donner un nom particulier à chaque variation de substance minérale qu'on rencontre, et à la regarder comme constamment existante dans la Nature ; car il est au contraire évident que telle de ces variations qui n'avait peut-être jamais eu lieu, a pu, par un concours fortuit de circonstances, recevoir l'existence dans un tems quelconque, et qu'elle la perdra dans un autre tems peut-être pour toujours. A quoi bon, s'il en est ainsi, grossit-on si prodigieusement les catalogues de minéralogie, et s'empresse-t-on pour cela de saisir toutes les nuances qu'on peut rencontrer dans la série de mutations que les matières composées éprouvent jusqu'à l'entière séparation de leurs principes?

Sans les intéressantes observations de *Volta*, le fluide qu'on avait nommé *galvanique*, serait maintenant au nombre des substances particulières ; car un chimiste célèbre avait déjà assuré qu'on devait le considérer ainsi, et qu'il était fort différent du *fluide électrique*.

Rappelons-nous que parmi la multitude de considérations qui se présentent à nous dans l'étude de la Nature, il y en a de différens degrés d'importance ; qu'aucune sans doute ne doit être négligée, mais qu'il y a des proportions à garder en s'appesantissant sur chacune d'elles, sans quoi le but sera manqué.

Ce précepte une fois posé, voyons, dans l'objet que nous avons en vue, ce qui résulte à la surface du globe, de l'existence des corps vivans qui s'y trouvent.

La croûte extérieure du globe terrestre, dans une épaisseur indéterminée, offre presque partout des matières brutes diverses, plus ou moins composées, et qu'on nomme *minérales ;* elles sont entassées les unes sur les autres, ou entremêlées, ou enfouies dans l'épaisseur de cette croûte, et toutes ensemble paraissent la constituer principalement. On peut, sans détermination positive, attribuer à cette croûte une épaisseur de l'étendue de 3 à 4 lieues.

Les matières brutes et minérales dont je viens

viens de parler, sont les terres et les pierres composées de diverses sortes, les différentes roches, les matières métalliques en différens états, les matières salines minérales, soit par masses particulières, soit combinées avec d'autres substances; les matières sulfureuses, les bitumes divers et toutes les sortes de *fossiles*, c'est-à-dire, les dépouilles encore reconnaissables des corps qui ont été vivans.

Il est certain que la croûte extérieure du globe terrestre, maniée et remaniée sans cesse par les eaux de toutes les sortes depuis que ce globe existe, par les déplacemens et les passages alternatifs du bassin des mers, par les dépôts continuels et de tous les genres que les corps vivans ont formés sur ses parties nues; enfin, par les altérations, les soulévemens, les amoncélemens, les affaissemens et les excavations que les volcans et les tremblemens de terre ont produits dans son épaisseur; il est certain, dis-je, que par suite de ces différentes causes, la croûte extérieure du globe terrestre a dû subir des changemens dans son état et dans la nature de ses parties, qui n'eussent jamais eu lieu sans elles.

Mais parmi toutes ces causes influentes, il paraît qu'il en existe une plus importante à considérer que les autres, par la nature très-particulière de ses effets : je veux parler de celle qui donne lieu à l'existence continuelle des matières composées qui forment la très-grande partie de la croûte externe du globe.

Les matières composées qu'on trouve à la surface et dans l'épaisseur de la croûte externe du globe sont-elles le résultat d'une tendance naturelle des élémens à former des combinaisons?

Il est si général de croire que les élémens des corps ont une tendance naturelle à former des combinaisons, que personne jusqu'à présent n'a pensé qu'on pût raisonnablement mettre en question le fondement d'une opinion qui n'a jamais excité le moindre doute. Je puis dire cependant que cette confiance accordée depuis si long-tems à cette opinion vulgaire, n'a dû sa conservation, jusqu'à ce jour, qu'à la négligence, ou ce qui revient au même, qu'à la légéreté qu'on a constamment apportée dans l'examen de la marche de la Nature et des faits qu'elle ne cesse de nous offrir de toutes parts.

Quand j'observe avec attention tout ce qui a lieu à cet égard, je vois que toute matière composée quelconque, soumise au pouvoir de la Nature, c'est-à-dire, à l'action de ses agens provocateurs de toute destruction de combinaison, subit, quoique avec plus ou moins de promptitude, selon son espèce et les circonstances de sa situation, une altération soutenue et croissante, qui change, et l'état de combinaison, et les proportions des principes de cette matière, jusqu'à ce qu'enfin ses élémens constitutifs en soient tous séparés.

Le tems détruit tout, dit le vulgaire; rien ne résiste à ses injures.

Ce fait, que chacun aperçoit sans cesse et presque toujours sans y réfléchir, puisqu'il attribue au tems, qui n'est rien par lui-même, ce qui appartient à une cause générale qu'il n'a su reconnaître; ce fait, dis-je, consiste réellement en ce que toute matière composée va sans cesse en se détruisant, c'est-à-dire, en changeant d'état et de nature; car elle subit en effet une multitude d'altérations qui changent successivement les proportions de ses principes et leur état de combinaison.

Un regard jeté avec attention sur ce qui se passe continuellement sur notre globe et sous nos yeux, suffira pour mettre cette vérité dans son plus grand jour, et pour faire apercevoir que les *principes de tout composé quelconque ont une tendance à se dégager de l'état de combinaison; tendance qui provient de ce que ces principes sont alors dans un état de gêne, de contrainte, et de ce que la plupart y sont tellement modifiés, qu'ils ne jouissent plus de leurs facultés naturelles.*

On remarque en effet que tout corps composé qui ne contient plus en lui cette cause puissante qui a la faculté de former des combinaisons, et dont je parlerai tout à l'heure, va sans cesse en se détruisant, tantôt par sa propre essence, c'est-à-dire, par la tendance de ses élémens constitutifs au dégagement, et tantôt à l'aide de quelque provocation extérieure.

Ainsi la substance des animaux morts et celle des végétaux qui ont perdu la vie, sont alors livrées à une destruction continuelle, qui s'achève plus ou moins promptement, selon les circonstances et la nature des matières, mais qui est toujours inévitable.

La surface entière du globe, le sein des eaux et toute l'atmosphère sont le vaste champ où la Nature travaille sans relâche à détruire toute substance composée, que la puissance singulière qui me reste à faire connaître ne défend pas ou cesse de maintenir.

La destruction dont il s'agit ne s'opère

jamais, dans un instant, par le dégagement complet de tous les principes devenus libres à la fois ; mais elle s'effectue au contraire par des altérations successives et variées, selon les circonstances, qui changent continuellement les proportions des principes qui restent combinés, ainsi que leur état de combinaison. Il en résulte une suite de résidus et de produits différens, graduellement moins compliqués et moins surchargés de principes dans leur composition ou leur nature, et qui tous néanmoins sont toujours assujettis à la même loi de destruction.

La *fermentation* seule qui s'opère dans les substances composées, molasses ou fluides, est une preuve sans réplique que la matière qui, par les lois de l'attraction, a une tendance reconnue pour s'agréger et former des masses, n'en a aucune pour former des combinaisons. Et en effet, la *fermentation* n'aurait jamais lieu si les facultés propres de chaque principe combiné ne lui donnaient une tendance contraire, c'est-à-dire, une tendance au dégagement. *Voyez* mes *Mém. de Phys. et d'Hist. nat.* pag. 88 et suiv.

Tel est l'ordre réel de la Nature : toute matière composée subit des altérations successives jusqu'à sa destruction totale. Elle les subit quelquefois par les propres forces de ses principes, comme lorsque leur combinaison est peu intime ; mais plus souvent elle y arrive par les suites du contact des *provocateurs* externes, qui sont le calorique, l'eau et les matières salines.

A la vérité, dans le cours de ces mutations, qui mènent insensiblement cette matière à l'entière séparation de ses élémens constitutifs, elle contracte souvent différentes combinaisons avec d'autres matières ou avec une portion de leurs principes, selon que les circonstances le favorisent; mais la matière dont il s'agit n'en arrive pas moins avec le tems à sa destruction totale, ainsi que les combinaisons particulières qu'elle a eu occasion de former dans le cours de ses altérations.

Les chimistes ne voient dans tout cela qu'un *jeu des affinités;* et pour faire cadrer par ce moyen leurs explications avec les faits qu'ils observent, ils ont été obligés d'attribuer à l'*affinité* une extension de puissance que la raison lui refuse, et qui, si elle pouvait exister, ne serait pas encore suffisante pour rendre raison de la destruction totale que subit avec le tems toute espèce de combinaison et ses différens dérivés. *Voyez* mes *Mém. de Physique et d'Hist. nat.* p. 114 et 115.

Toute mutation qui survient dans la nature des corps qui se trouvent en contact, est, selon les chimistes, une suite de l'*action des affinités*. Voilà la base essentielle de la théorie maintenant accréditée.

Toute mutation qu'éprouve une matière composée dans sa nature, est, ou le résultat de la tendance au dégagement de ses principes, ou celui de la provocation d'une autre matière qui facilite l'effectuation de cette tendance. Telle est la base de la théorie que j'ai proposée, et dont on trouve des développemens suffisans dans mes *Mémoires de Physique et d'Histoire naturelle*.

Quoique tous les faits connus, soit ceux qu'on observe dans la Nature, soit ceux qui résultent tous les jours des expériences des chimistes, s'expliquent parfaitement et plus simplement par les principes de ma théorie, les intéressés au maintien de la première théorie ont eu la prudence, sous l'apparence d'un autre sentiment de leur part, d'en écarter partout la connaissance.

Mais les intéressés de part et d'autre passeront, et la postérité, juge toujours intègre et nécessairement entraîné par la force des choses, condamnera à un oubli mérité tout ce qui sera faux, et fera surnager tout ce qui sera fondé.

Les choses étant ainsi, je reviens à l'observation, qui m'apprend que toute espèce de matière composée subit sans cesse des altérations qui changent successivement, et les proportions de ses principes, et sa nature, et qui la simplifient progressivement jusqu'à sa destruction totale.

Cependant si, depuis l'énorme antiquité d'existence du globe terrestre, la tendance à la décomposition de toute espèce de matière composée a pu s'effectuer, comment se fait-il que maintenant presque toute la croûte extérieure du globe soit encore formée de cette multitude de composés divers qu'on y observe, depuis la combinaison la plus simple, jusqu'à celle qui est la plus compliquée et la plus surchargée de principes? Y aurait-il donc une puissance particulière compensatrice dans ses effets, de celle que je viens d'indiquer; une puissance qui ait la faculté de former sans cesse des combinaisons et de les surcharger ensuite, soit par le nombre, soit par les quantités d'élémens quelconques qu'elle aurait forcés à s'y combiner? C'est effectivement ce qui a lieu, comme je vais le faire voir.

L'action organique des corps vivans forme sans cesse des combinaisons qui n'eussent jamais existé sans cette cause.

On pourra plus ou moins retarder encore la connaissance de cette vérité, et l'on aura intérêt de le faire pour maintenir les théories accréditées qu'on serait forcé d'abandonner si elle était reconnue. Mais son évidence la fera sans doute triompher, plutôt qu'on ne pense, des erreurs spécieuses qui la masquent; j'en ai l'intime persuasion.

J'ai dit qu'il existait dans la Nature une cause particulière, puissante et continuellement active, qui a la faculté de former des combinaisons, de les multiplier, de les diversifier, et qui tend sans cesse à les surcharger de principes, et à en augmenter les proportions jusqu'à un certain terme. Or, il importe de constater l'existence de cette cause étonnante qui répare sans cesse par son activité la quantité des composés qui existent, quantité que la puissance destructive de la Nature (du tems, selon le vulgaire) s'efforce continuellement d'anéantir.

Je le répète : la plus légère attention suffit pour nous convaincre que partout la Nature travaille sans relâche à détruire tous les composés qui existent, à dégager leurs principes de l'état de combinaison, à les ramener à l'état de liberté qu'ils tendent à conserver toujours ; enfin, à ruiner sans cesse tout ce que la cause qui produit les combinaisons, réussit à former de toutes parts. Aussi a-t-on lieu de croire que l'existence unique des élémens, non-seulement n'eût jamais pu faire naître cette multitude étonnante de composés qui se trouvent à la surface de notre globe, qui modifient la partie externe de son épaisseur et embellissent le spectacle de la Nature, mais que sans la cause particulière qui sait les produire, aucune combinaison sans doute n'eût existé.

Pour peu qu'en se dépouillant des préventions ordinaires, l'on veuille examiner ce qui se passe à cet égard, l'on sera bientôt convaincu *que tous les êtres doués de la vie ont, par le moyen des fonctions de leurs organes, la faculté, les uns, de former des combinaisons directes, c'est-à-dire, d'unir ensemble des élémens libres, et de produire immédiatement des composés ; les autres, de modifier ces composés, et de les changer de nature, en les surchargeant de principes ou en augmentant les proportions de ces principes d'une manière très-remarquable.*

J'ai donné sur cet objet, dans mes *Mé-*

moires de Physique et d'Hist. nat. beaucoup de détails qu'il ne convient pas de répéter ici, et auxquels je renvoie. J'insiste seulement dans ce chapitre, à dire que les corps vivans forment eux-mêmes, par l'action de leurs organes, la substance qui les constitue, et qu'ils ne prennent nullement dans la Nature cette substance toute formée pour en composer leur corps, car elle n'y existe pas.

C'est au moyen des alimens dont les végétaux et les animaux sont obligés de faire usage pendant la durée de leur vie, pour conserver leur existence, que l'action de leurs organes parvient à modifier ces alimens, à en former des matières particulières qui n'eussent jamais existé sans cette faculté dont ces êtres sont munis, et à en composer, par un renouvellement perpétuel, le corps entier qui les constitue, ainsi que ses produits

Mais les végétaux, qui n'ont ni canal intestinal ni autre organe quelconque pour exécuter des digestions, emploient nécessairement pour matières alimentaires des substances fluides ou dont les molécules n'ont aucune agrégation entre elles; et l'on sait malgré cela qu'ils parviennent, depuis l'instant de leur germination jusqu'à celui de leur mort, à se développer et à s'accroître, n'étant nourris qu'avec de l'eau, mais jouissant des influences de l'air atmosphérique, du calorique et de la lumière (1).

C'est cependant avec de pareils matériaux que les végétaux, au moyen de leur action organique, forment tous les sucs propres qu'on leur connaît et toutes les matières dont leur corps est composé, c'est-à-dire, qu'ils forment eux-mêmes *les mucilages, les gommes, les résines, le sucre, les sels essentiels, les huiles fixes et volatiles, les fécules, le gluten, la matière extractive et la matière ligneuse*, toutes substances tellement résultantes de combinaisons premières ou directes, que jamais l'art n'en saura former de semblables.

Assurément les végétaux n'ont pas besoin de prendre dans le sol, par le moyen de leurs racines, les substances que je viens d'indiquer; elles n'y sont pas, ou celles qui s'y rencontrent n'y sont que dans un état d'altération et de décomposition plus ou moins avancées; enfin, s'il s'y en trouvait qui fus-

(1) *Voyez Mém. de Phys. et d'Hist. nat.*, p. 294 et suiv. *Voyez* encore dans le *Rapport des Mémoires présentés à la Société d'Agriculture du département du Doubs*, les *Nouvelles expériences sur la végétation*; par le cit. Girod-Chantrans, p. 20.

sent encore dans leur état d'intégrité, le végétal ne saurait s'en emparer ni en faire aucun usage.

Lui seul a formé directement les matières dont je viens de parler; mais hors de lui, ces matières ne peuvent devenir utiles aux végétaux que comme *engrais*, c'est-à-dire, qu'après s'être dénaturées, consumées, et avoir subi la somme d'altérations nécessaires pour leur donner les facultés essentielles des *engrais*.

Dans divers de mes ouvrages, j'ai examiné sous quel point de vue les *engrais* pouvaient être utiles à la végétation; et après avoir épuisé toutes les considérations relatives à cette recherche, j'ai fait voir :

« Que les fumiers, les engrais, de quelque nature qu'ils soient; en un mot, que le terreau végétal et les terres fertiles ne sont pas des substances nécessaires à la végétation des plantes, comme leur fournissant des sucs composés particuliers propres à les nourrir; mais que ce sont des matières qui, par leur nature ou leur état, ont la faculté de retenir facilment l'eau des pluies, des brouillards et des arrosemens; de conserver long-tems cette eau dans le plus grand état de division, et conséquemment d'entretenir autour des racines des plantes le degré d'humidité nécessaire, sans exposer leur substance à se pourrir. » *Voyez dans l'Hist. nat. des Végétaux, qui fait partie de l'édition de Buffon, par Déterville, l'Introduction*, p. 260 à 263.

Bien loin que les végétaux prennent par leurs racines dans le sol, le *feu fixé carbonique* (le carbone des chimistes), et l'enlèvent aux engrais qui en contiennent, ce que les chimistes assurent en disant que leur carbone existe de tout tems dans la Nature, et en s'appuyant de quelques expériences qui ne sont nullement concluantes, il est au contraire de la plus grande évidence, d'une part, que le *carbone* qui peut se trouver dans les *engrais*, ne saurait s'en séparer sans subir de grandes altérations dans son état, parce que le *carbone* uni à un corps, ne peut en être séparé qu'en se transformant, selon les circonstances, soit en gaz inflammable (*gaz hydrogène*), soit en gaz méphytique (*gaz acide carbonique*), soit en feu calorique; de l'autre part, il est aussi très-évident que l'acte de la végétation est le seul moyen qu'emploie continuellement la Nature pour former du *carbone*, et réparer les pertes qui s'en font sans cesse de toutes parts. Par ce moyen la Nature travaille sans interruption à former ces amas immenses de matières combustibles que l'eau transporte petit à petit au fond de la croûte externe du globe, et qui deviennent les matériaux de tous les volcans de la terre.

Il est certain qu'il se fait continuellement, dans la Nature, une consommation énorme du *carbone* qui existe, dont une partie considérable se détruit en passant à l'état de *calorique* par la voie des combustions, tandis que par celle des fermentations une autre partie de ce *carbone* est transformée en fluides gazeux divers, ou en *feu fixé acidifique.* (*Mém. de Phys. et d'Hist. nat.* p. 152 et suiv.) Or, s'il n'existait pas une cause capable d'en reformer sans cesse, il y aurait longtems que les corps de la Nature seraient privés de *carbone.* Il est le premier produit de la végétation; aucune sorte de substance végétale ne peut exister sans *carbone;* il fait la base des parties solides des végétaux, et se trouve aussi dans leurs fluides; enfin, on a tout lieu de croire que le calorique et la lumière sont les matériaux essentiels que l'acte de la végétation emploie pour former le *carbone*, c'est-à-dire, le *feu fixé carbonique.*

De même que le *carbone* est formé par l'acte immédiat de la végétation, de même aussi les élémens de l'*alumine* de la *potasse*, de toutes les *argiles*, du *fer* (selon les intéressantes observations de Faujas), etc. etc. sont uniquement produits par cet acte, qui en fait exister partout où il y a eu des végétaux, quoiqu'il s'en détruise sans cesse de toutes parts.

Les animaux, par l'action de leurs organes, ne sauraient former des combinaisons directes, comme les végétaux : aussi tous, sans exception, font-ils usage de matières composées pour alimens, et tous ont essentiellement une digestion à exécuter, et conséquemment des organes pour cette fonction.

Mais ils forment aussi eux-mêmes leur propre substance et leurs matières sécrétoires; et pour cela ils ne sont nullement obligés de prendre pour alimens, et ces matières sécrétoires, et une substance semblable à la leur. Avec de l'herbe ou du foin, le *cheval* forme, par l'action de ses organes, son sang, ses autres humeurs, sa chair ou ses muscles; la substance de son tissu cellulaire, de ses vaisseaux, de ses glandes; ses tendons, ses cartilages, ses os; la matière cornée de ses sabots, de son poil et de ses crins.

Or, c'est en formant leur propre substance et leurs matières excrétoires, que les animaux surchargent singuliérement les combinaisons qu'ils qu'ils produisent, en leur donnant l'étonnante proportion ou quantité des principes qui constituent les matières animales.

Les corps vivans formant eux-mêmes, par l'action de leurs organes, et leur propre substance, et les matières excrétoires qu'on leur voit produire, on peut remarquer que leur substance et surtout leurs matières sécrétoires varient dans leurs qualités propres;

1°. Selon la nature même de l'être vivant qui les forme : ainsi les productions végétales sont en général différentes de celles des animaux, et parmi ceux-ci les productions des animaux à vertèbres sont en général différentes de celles des animaux sans vertèbres;

2°. Selon la nature de l'organe qui les sépare des autres matières après leur formation. Les matières sécrétoires séparées par le foie, ne sont pas les mêmes que celles séparées par les reins, etc.

3°. Selon la force ou la faiblesse des organes de l'être vivant et de leur action. Les matières sécrétoires d'une jeune plante ne sont pas tout-à-fait les mêmes que celles de la même plante fort âgée, comme celles d'un enfant ne sont pas les mêmes que celles d'un homme fait.

4°. Selon que l'intégrité des fonctions organiques est parfaite, ou qu'elle se trouve plus ou moins altérée. Les matières sécrétoires de l'homme sain ne sont pas tout-à-fait les mêmes que celles de l'homme malade.

5°. Selon que le calorique qui se forme continuellement à la surface du globe (1), quoiqu'en des quantités variables, favorise et hâte par son abondance l'activité organique des êtres qui en sont pénétrés, ou que par sa grande rareté il ne permet aux organes qu'une action lente et faible. Les matières sécrétoires des corps vivans, pendant les chaleurs de l'été, sont un peu différentes de celles qu'ils forment pendant les froids de l'hiver. Celles que forment les corps vivans dans les climats chauds, diffèrent aussi de celles qu'ils produisent dans les climats froids. Ainsi le frêne, qui donne la *manne* dans la Calabre, n'en saurait produire lorsqu'on le cultive à Paris, etc.

Je n'insisterai pas ici sur plus de détails pour le développement de ces grandes considérations : on en trouvera les plus essentiels dans mes *Mém. de Phys. et d'Hist. nat.* et dans quelques autres de mes ouvrages. Je vais donc

---

(1) *Voyez Mém. de Phys. et d'Hist. nat.*, p. 185 à 188, et *Recherches*, etc. n°. 332 à 338.

maintenant passer à l'examen rapide de l'influence que les corps vivans exercent à la surface du globe terrestre; influence qui y produit les mutations et l'état des objets qu'on y observe.

Les corps bruts composés qui appartiennent au règne minéral, qu'on trouve dans presque toutes les parties de la croûte externe du globe, qui en forment la principale partie, et qui la modifient continuellement par les altérations et les mutations qu'ils subissent, sont tous, sans exception, le résultat des dépouilles et des détritus des corps vivans.

Il faut convenir qu'il est bien étonnant qu'une vérité aussi frappante que celle que je viens d'énoncer, aussi générale, et que l'observation seule pouvait faire apercevoir, ait été jusqu'à présent méconnue. Il est peut-être plus étonnant encore de voir que lorsque cette même vérité fut aperçue et annoncée, elle fut repoussée ou en apparence méprisée par les hommes même qui les premiers devaient la reconnaître. Il y a plus de dix-huit ans que j'en ai consigné l'énonciation dans mes écrits: mais cette vérité ne s'étant point d'abord manifestée au petit nombre de ceux qui, parmi les savans, veulent se faire un domaine particulier des sciences qu'ils cultivent, ils l'ont reçue comme ils font en général de la découverte de celles où ils n'ont pas eu de part. Cela n'est pas juste sans doute; mais cela est dans la nature des choses. On ne peut refuser aux intérêts particuliers ce qu'ils exigent. Il suffit de savoir que petit à petit les effets de cette perturbation naturelle de l'ordre s'affaiblissent, que la raison reprend insensiblement son empire, et qu'après beaucoup de difficultés surmontées et de tems perdu, la vérité parviendra enfin à se faire reconnaître. Vouloir que cela ne soit pas ainsi, c'est vouloir que la Nature ne soit pas ce qu'elle est, et que les hommes n'aient point de passions.

Quelle est intéressante, cette considération qui nous apprend que les corps vivans de toute espèce forment eux-mêmes leur propre substance par l'effet singulier, mais naturel, de l'action de leurs organes, et qu'ils donnent lieu par-là à des combinaisons diverses qui n'eussent jamais pu exister sans eux!

Je puis l'assurer : jamais l'art des hommes ni jamais la Nature sans les corps vivans ne pourront former, soit du sang, soit de la graisse, soit de la bile, soit de la chair, soit des os, etc. en un mot, ne produiront jamais ni huile, ni gomme, ni mucilage, ni substance végétale quelle qu'elle soit. Sans des êtres doués de fonctions organiques, et par conséquent munis de la faculté de former les premières combinaisons, de les surcharger plus ou moins de principes, selon leur espèce ; enfin, de composer eux-mêmes leur propre substance et ses produits, jamais toutes les matières dont je viens de faire mention n'eussent existé.

Combien ensuite est importante l'observation qui nous fait voir que toutes les productions des corps vivans, soit leur substance propre, soit leurs matières sécrétoires, étant abandonnées au pouvoir naturel des choses, c'est-à-dire, ayant cessé d'être maintenues ou réparées par le *pouvoir de la vie*, et se trouvant réduites à n'être plus que les dépouilles des êtres qui les ont formées, subissent à la surface de la terre, ou dans son sein, ou dans la masse des eaux, une multitude d'altérations successives qui, en changeant graduellement les proportions de ceux de leurs principes qui restent combinés, changent en même tems leur état, leur nature, toutes leurs qualités propres, et les transforment ainsi successivement en une multitude innombrable de matières différentes, dont l'origine devient de plus en plus méconnaissable, et enfin qui constituent tous les MINÉRAUX connus!

Les bitumes et les charbons de terre sont des matières qu'on reconnaît encore pour être provenues des végétaux; les argiles de toutes les sortes et différens sels sont dans le même cas. De même la craie, le soufre, le nitre, le muriate marin, etc. sont de véritables produits des animaux ou des altérations de leurs dépouilles; ce qu'on ne saurait contester. Enfin les sels, les acides et les gaz de tout genre, les substances combustibles de toute espèce, les matières calcinables ou oxidables de toutes les sortes; en un mot, toute terre et toute pierre distincte de la silice pure, sont des matières qu'on ne saurait méconnaître *pour résultats plus ou moins avancés* des dépouilles des corps vivans, de leurs détritus, et des changemens que ces matières subissent successivement jusqu'à l'entière séparation des principes qui les constituaient.

La tendance qu'ont toutes ces matières composées à opérer progressivement leur destruction, c'est-à-dire, le dégagement de leurs principes, est, à la vérité, d'autant plus amortie et plus impuissante, que ces composés sont plus denses, plus terreux, et contiennent moins d'eau et d'air dans leur combinaison. Ainsi tous les fluides d'un animal qui a perdu la vie, se décomposent plus rapidement que sa chair; cette chair se détruit elle-même avec plus de promptitude que les os; ceux-ci ensuite sont décomposés en moins de tems que les craies auxquelles leurs débris et la petite quantité de molécules terreuses de la chair peuvent donner lieu; enfin, les craies elles-mêmes s'altèrent avec moins de lenteur que les marbres. Comme les argiles s'altèrent moins lentement que les schistes et que les stéatites, ceux-ci moins lentement que les pextens, ces derniers moins lentement encore que les jaspes, etc. tous ces faits sont constans. Mais cette tendance à la décomposition n'est jamais nulle, dans tel composé que ce soit; elle est simplement amortie dans les matières les plus denses; ce qui les rend extrêmement durables. Aussi les matières minérales très-denses ne sont-elles susceptibles de subir des changemens dans leur nature, que lorsqu'elles éprouvent l'action altérante de quelque matière étrangère qui les touche et les pénètre. *Mém. de Phys.* etc. p. 321 et 322.

Suivez cette vue, et rappelez-vous que si l'art, par le moyen de ses opérations, parvient à faire ce qu'il nomme des ANALYSES, c'est-à-dire, à changer l'état de combinaison et les proportions des principes d'un composé; à obtenir parmi les premiers produits de ses opérations plusieurs substances composées elles-mêmes qu'il croit avoir retirées de la première; à former ainsi par cette voie une multitude de matières diverses qui n'existaient nullement dans les composés qu'on a dénaturés pour les avoir; enfin, à produire à volonté certains termes d'altération, qu'il retrouve les mêmes lorsqu'il emploie les mêmes procédés et qu'il opère sur les mêmes substances, la Nature aussi sait faire des *analyses*, possède des moyens pour cela, et en opère effectivement sur toutes les matières composées qui se trouvent abandonnées aux effets de sa puissance.

Mais n'oubliez jamais que tous les composés qui constituent le règne minéral, et que tous ceux que la chimie réussit à obtenir par ses opérations, n'existaient pas auparavant dans les substances dont ils proviennent. Ce sont de simples résultats des altérations qu'ont subies d'autres composés préexistans.

Quelquefois les résultats qu'on obtient dans le cours des altérations qu'on fait subir à une matière minérale, deviennent *stationnaires*, c'est-à-dire, paraissent n'en pouvoir subir au-delà ; ce qui a fait prendre les matières qui constituent ces résultats stationnaires pour des substances simples (la chaux, la baryte, l'alumine, etc. en sont des exemples). Mais la conséquence qu'on a tirée dans ce cas, me paraît être une véritable erreur ; car l'état stationnaire, observé dans les matières dont il s'agit, tient d'une part à la puissance bornée du petit nombre d'agens qu'on emploie, et de l'autre à ce que quelques-uns de ces agens, au lieu d'être de simples instrumens mécaniques capables de séparer des principes réunis, fournissent leurs propres principes qui se fixent dans les produits de l'opération, et y arrivent à un *maximum* ou à un point de saturation qui ne permet point d'aller au-delà. *Voyez mon Mémoire sur la matière du feu, considérée comme instrument chimique dans les analyses.*

Ainsi la matière du feu se fixant en abondance, mais imparfaitement, dans la pierre calcaire que l'on calcine, s'y amasse après en avoir chassé l'air et la plus grande partie de son eau combinée ; elle s'y amasse, dis-je, jusqu'à une saturation ou un véritable *maximum*, et transforme la substance qui en est chargée, en un résidu stationnaire auquel on a donné le nom de *chaux*. Elle est alors, jusqu'à un certain point, hors d'état d'en recevoir davantage; le feu qui s'y est incomplétement fixé, y est à son *maximum*, et il n'agit plus sur elle. Dans ce cas, prévenu par l'idée inexacte que le feu décompose tout, vous dites que la *chaux* est une matière simple.

Ces vérités ayant été méconnues lorsqu'on a composé la théorie chimique que l'on enseigne actuellement, doivent maintenant être étouffées, pour ainsi dire, afin de conserver cette théorie aussi long-tems qu'il sera possible.

Enfin, voulez-vous compléter les moyens de reconnaître ce qui se passe réellement dans une multitude de faits que vous observez tous les jours dans vos opérations? considérez cette loi de la Nature, que je suis parvenu à déterminer.

Lorsque les principes d'un composé sont désunis par l'action d'une matière altérante (ou provocatrice), en un mot, par un intermède quelconque, ces principes *réagissent* les uns sur les autres, contractent de nouvelles unions, parce qu'ils sont encore dans un état qui y est favorable, et forment alors de nouveaux composés; mais ces composés ont progressivement une moindre concentration ou une moindre modification dans leurs élémens constitutifs. *Mém. de Phys.* p. 328.

Formation des minéraux.

Maintenant, pour concevoir comment le nombre considérable de substances diverses qui constituent les minéraux, a pu avoir lieu, et comment les masses compactes que nous voyons dans les pierres de tout genre, dans les roches, dans les minerais, etc. ont pu se former; considérez;

Qu'après les premiers ordres de décomposition que les fermentations opèrent, l'humidité prolongée sur ses résidus et dans leur masse, et surtout le contact simultané de l'eau, de l'air et du calorique, détachent petit à petit les molécules essentielles ou intégrantes de la masse à laquelle elles adhéraient, et altèrent plus ou moins leur nature, suivant les lois que j'ai indiquées; qu'ensuite les lavages des eaux en mouvement entraînent, filtrent et charient ces molécules dans leur nouvel état; qu'enfin les eaux moins agitées laissant déposer ces mêmes molécules, il en résulte à leur égard une agrégation qui concréfie ou consolide les masses qu'elles forment, et qui les agrandit proportionnellement à la durée du dépôt.

La matière de ces nouvelles masses ne sera donc pas la même que celles des premières masses qui ont fourni leurs molécules intégrantes, puisque celles-ci ont subi des changemens dans leur nature. Or, étendez cette considération à tous les cas qui y sont relatifs, et joignez-y celles des changemens opérés dans la nature des *molécules intégrantes* d'une même masse, sans autre déplacement que le rapprochement plus considérable que ces molécules changées éprouveront dans leur agrégation nouvelle, alors vous aurez une idée juste de la cause de l'endurcissement graduel des matières minérales, et vous pourrez suivre la Nature dans la multitude d'opérations qu'elle fait en formant les minéraux.

J'ai dit que la manière dont les *roches informes* ont été formées et se forment encore tous les jours, est fort différente de celle qui donne lieu aux masses pierreuses de tous les genres, constituées de couches parallèles. (*Voyez* pag. 20.) Cette distinction mérite d'être établie avec quelques développemens, parce que sans elle on ne peut se former une juste idée des moyens qu'emploie la Nature.

Lapidescence par sédimens.

Toute pierre quelconque, formée de couches parallèles, provient originairement de sédimens déposés successivement sur un plan qui a pu les retenir. Or, les particules de ces sédimens, modifiées peu à peu par les causes que j'ai indiquées, se sont petit à petit rapprochées, agrégées ou liées entre elles, et ont constitué une masse qui s'est ainsi durcie graduellement, et qui fut à la fin changée en pierre. On sent bien que si les sédimens de cette pierre par couches ont, à de certaines époques, varié de nature ou de quantité, les couches de la masse pierreuse dont il s'agit, présenteront des différences dans leur nature ou dans leur épaisseur.

Cette formation est connue; mais c'est à peu près la seule qui soit dans ce cas. Cependant la Nature emploie un autre moyen, et en effet celui dont je viens de parler ne suffit pas pour rendre raison de tout ce qu'on observe dans les lapidescences.

Lapidescence par infiltration.

Les eaux, qui altèrent sans cesse les masses des corps bruts, et qui en détachent des particules qu'elles entraînent et charient, ne les déposent pas toujours sur un plan qui les retient; elles ne déposent sur un pareil plan, que les particules encore grossières qui ne peuvent pas pénétrer avec elles dans les masses; en un mot, que les molécules intégrantes ou essentielles des composés récemment provenus des détritus des corps vivans. Mais l'altération de ces molécules intégrantes des composés étant arrivée à son terme ou près de son terme, les molécules de la terre élémentaire ou terre vitreuse (la *silice* des chimistes) se trouvant à nu ou presque à nu, sont alors d'une petitesse inexprimable, peuvent passer par des issues où les molécules grossières des matières composées ne passeraient pas, et pénètrent réellement partout où l'eau qui les charie peut s'infiltrer.

En effet, les eaux charient ces petites molécules vitreuses ou quartzeuses, aussi facilement et plus aisément que les autres; mais ces molécules vitreuses, au lieu de s'arrêter sur les plans où se déposent les particules plus grossières, se filtrent avec l'humidité qui traverse et imbibe les masses encore poreuses de terres et des pierres tendres; elles se *tamisent* en quelque sorte à travers ces masses à la faveur de l'humidité qui les entraîne, et continuent ainsi de pénétrer dans le sol, jusqu'à ce que, trouvant l'occasion de se réunir plusieurs ensemble, ou rencontrant un noyau quartzeux déjà formé, elles s'y agrègent et en grossissent successivement la masse.

On sait que si ces petites molécules, qui se filtrent ainsi à l'aide des eaux, rencontrent un espace libre, et s'y trouvent suspendues dans une masse d'eau assez tranquille pour leur permettre de se déposer et de s'agréger avec lenteur, elles s'appliquent les unes sur les autres avec un ordre conforme aux influences de leur figure particulière, et constituent alors des masses régulières auxquelles on a donné le nom de *cristaux*.

Mais dans les circonstances défavorables à cet arrangement, les molécules dont il s'agit donnent lieu à des masses informes, qui, par les suites non interrompues de nouvelles agrégations, peuvent acquérir d'énormes volumes.

Il est bon de remarquer que, quoique la petitesse des molécules vitreuses dont je parle, les mette dans le cas de pénétrer avec l'eau dans l'intérieur des masses terreuses, et même dans celles des pierres tendres dont les parties n'ont encore qu'une agrégation incomplète, ces mêmes molécules vitreuses ne sauraient s'introduire dans l'intérieur des masses *quartzeuses* ou *vitreuses*, parce que l'eau elle-même n'y pénètre pas, et que l'agrégation des parties de ces masses s'y trouve complète : elles s'agrègent donc successivement à la surface de ces masses, dont elles augmentent proportionnellement le volume.

Tel est le mode de formation des *silex*, des pierres dures en rognons, des roches isolées *quartzeuses* qui se produisent à différentes profondeurs dans la terre, et qui se lient et se cumulent les unes sur les autres, selon les circonstances qui favorisent chaque cas particulier.

C'est cette formation qui est cause que les *roches* qu'on trouve dans le sein de la croûte externe du globe, sont en général posées sur des matières bien moins solides qu'elles.

Cette lapidescence par infiltration donne aussi lieu à la formation des *agates*, etc. à celle des *poudings*, etc. et aux *pétrifications* proprement dites.

Formation des agates, etc.

Les molécules intégrantes des composés terreux récemment provenus des corps vivans, comme celles de la *craie* et celles de

l'*argile*,

l'*argile*, sont très-grossières, parce que dans chacune de ces molécules la terre élémentaire ou vitreuse y est fortement masquée par d'autres principes combinés avec elle en grandes proportions. Aussi, comme je l'ai dit plus haut, ces molécules ne se filtrent point à travers les masses un peu compactes, mais se déposent en sédimens à leur surface. On ne doit pas douter, malgré cela, que lorsque ces molécules intégrantes ont subi assez d'altérations et de changemens pour s'en trouver très-affinées, elles ne soient alors capables d'être filtrées à travers les masses tendres, et qu'elles ne jouissent de cette faculté presque autant que les molécules *vitreuses* pures, quoiqu'elles n'aient pas atteint le terme qui met leur terre élémentaire tout-à-fait à nu.

Dans ce cas, si ces molécules, filtrées lentement par l'humidité à travers les masses terreuses ou des pierres tendres, trouvent, dans leur route, à se réunir plusieurs ensemble, ou rencontrent un noyau plus ou moins quartzeux déjà formé; celles qui en sont voisines, excitées par l'attraction, viendront successivement s'*agréger autour de ce noyau*, et y formeront aussi successivement des couches concentriques, parallèles les unes aux autres, régulières ou irrégulières, et qui seront d'autant plus distinctes entre elles, que les molécules filtrées varieront, à diverses époques, dans leur nature, leur couleur et leur transparence.

Ainsi la *lapidescence par infiltration* donne aussi lieu à la formation des cailloux, des agates diverses et de toutes les pierres imparfaitement vitreuses, à couches concentriques, qui se forment toujours dans des masses terreuses ou presque pierreuses, et que de simples sédimens ne sauraient produire.

Les cailloux et les agates diverses constituent des masses isolées, subglobuleuses ou ovalaires, ayant leur croûte externe grossière et opaque, et leur substance intérieure plus ou moins transparente, selon le degré de simplicité ou de finesse et de pureté de leur pâte. Cette substance intérieure des agates est composée de couches appliquées parallélement les unes sur les autres, en suivant réguliérement les plans et les contours de celles qu'elles recouvrent.

Cette substance des cailloux et des agates approche beaucoup de la nature quartzeuse ou vitreuse, parce qu'en effet la silice ou la terre élémentaire et vitreuse qui en fait la base, y est en grande proportion; mais elle y est encore un peu masquée par des matières étrangères combinées avec elle, et qui ôtent aux molécules vitreuses qu'elle contient, la faculté de cristalliser en s'agrégeant.

Les masses subglobuleuses des cailloux et des agates se sont formées dans le sein d'une masse de matière moins compacte qu'elles, quoique le plus souvent de nature pierreuse : elles s'y sont formées par la voie que j'ai indiquée ci-dessus, c'est-à-dire, par le transport des molécules intégrantes de caillou ou d'agate, opéré à l'aide de l'eau qui est dans la masse, soit terreuse, soit pierreuse du sol, et dirigé par l'attraction dans tous les sens, vers le noyau sphéroïde et isolé qui est enchâssé dans cette masse du sol, et qui attire ces molécules lorsqu'elles sont dans son voisinage.

Comme ces molécules d'agate s'agrègent successivement et de tous côtés sur le noyau qui les attire et les reçoit, on sent qu'il en doit résulter, autour de ce noyau, des couches concentriques partout parallèles, et qui, les unes et les autres, suivront les plans, les sinuosités et les angles de celles qu'elles recouvrent, puisque l'application des molécules qui viennent successivement s'agréger, se fait en même tems de tous les côtés, au lieu de s'opérer uniquement sur le plan supérieur, comme dans les agrégations par sédimens.

Aussi les couches de ces pierres siliceuses sont-elles en général remarquables par leur parallélisme et leur concentricité ; et comme les molécules intégrantes qui viennent les former, varient en certain tems dans leur pureté, leur couleur et leur transparence, les couches qui en résultent, varient pareillement dans ces qualités.

On donne le nom d'*onyx* à celles de ces pierres siliceuses dont les couches sont bien tranchées par l'opposition et la vivacité des couleurs.

Quelquefois les masses pierreuses, sphéroïdes ou subglobuleuses des cailloux et des agates ont commencé leur formation autour d'un noyau dont la matière était grossière, très-composée, et conséquemment mal agrégée et peu solide. Mais pendant que les molécules plus ou moins affinées, de cailloux ou d'agates, continuaient la formation de leurs couches concentriques les unes au dessus des autres, l'eau, parvenant à s'insinuer par des fissures, a opéré la décomposition de la matière du noyau, et en a emporté les principes non solides susceptibles d'être dissipés; par cet effet l'eau a donné lieu au centre du caillou ou de l'agate à une cavité remarquable, aux parois de laquelle les molécules affinées ou simplifiées de la matière altérée du noyau se sont appliquées en *mamelons arrondis* si ces molécules n'étaient encore parvenues qu'à l'état de calcédoine ou d'agate, mais qui s'y sont disposées en *cristaux quartzeux* si ces molécules présentaient la terre vitreuse tout-à-fait à nu, démasquée et débarrassée de ses combinaisons avec des matières étrangères.

Les masses subglobuleuses des cailloux ou des agates qui ont dans leur centre une cavité semblable à celle que je viens de décrire, ont reçu des minéralogistes le nom de *géodes*.

Les minéralogistes, qui ne reconnaissent pas la simplification croissante des matières minérales à mesure que plusieurs de leurs principes combinés s'en sont dégagés et dissipés, et qui ne s'aperçoivent pas que c'est à cette simplification qu'est due l'augmentation de dureté des masses pierreuses par le perfectionnement de l'agrégation de leurs molécules intégrantes, disent, à l'égard de chaque nuance qu'ils rencontrent de cette simplification, que telle matière tient plus que telle autre de la *silice* ou *terre vitreuse*.

Ainsi ce qui n'est, pour chaque molécule intégrante d'une matière pierreuse quelconque, qu'un plus grand découvrement de sa terre élémentaire ou vitreuse, qui auparavant était plus masquée par des principes étrangers combinés avec elle, leur paraît une *simple addition* de molécules vitreuses qui se sont introduites dans la matière qu'ils observent.

De là toute la série des silex, des agates, des jaspes, des feld-spaths et même des pierres précieuses, offre pour eux des matières tenant additionnellement de la *silice* ou *terre vitreuse*, en plus ou moins grande proportion, tandis que ce ne sont réellement que des substances dans lesquelles la *terre vitreuse*, qui fait la base de toute terre et de toute pierre quelconque, est plus ou moins complétement à nu ou démasquée.

Oh! qu'ils cessent de s'y tromper! la *silice* est partout la base des matières solides, et surtout des terres et des pierres de toutes les sortes.

Dans la craie, la silice s'y trouve fortement masquée et y est imperceptible. On ne l'y démasque point par l'action du feu ni par celle des acides. Par ces actions altérantes, on transforme la craie en d'autres sortes de combinaisons, dans lesquelles la *silice* reste encore intimement unie et masquée. La Nature seule, à l'aide de beaucoup de tems, altère la craie, dissipe insensiblement ses principes non solides sans y en fixer d'autres, met de plus en plus à nu sa *silice*, et à la fin transforme les bancs de craie, ainsi que les coquilles qui s'y trouvent, en masses et coquilles *siliceuses*, et fait passer des montagnes entières, de l'état crayeux à l'état siliceux ou quartzeux, sans avoir besoin d'y apporter de la silice. Les masses dont il s'agit subissent un retrait dans leur volume et une agrégation plus parfaite dans leurs molécules à mesure que ces changemens s'opèrent. Que j'ai eu de fois occasion d'observer les preuves de ces simplifications, c'est-à-dire, de ces transformations de matières pierreuses très-composées, en matières pierreuses plus simples !

Dans l'argile, la *silice* y est aussi fortement masquée et imperceptible ; mais cette matière composée terreuse s'altère plus facilement et plus promptement par les agens ordinaires de la Nature, que la craie, et la *silice* n'est pas très-long-tems à s'y faire apercevoir. Les minéralogistes disent alors que c'est de l'argile tenant de la silice dans telle proportion.

La *silice* se démasque de plus en plus dans les différens *schistes*, dans les *asbestes*, dans les *micas*. Elle est encore très-masquée dans les *pextens;* elle l'est moins dans les jaspes et dans les pâtes des porphyres ; elle l'est moins encore dans les *péridots* ou les *berils*, les *topases*, les *émeraudes*, les *saphirs*, les *rubis*, etc. ; enfin, dans les *cristaux de roche* bien transparens et bien nets, elle est entiérement à découvert.

Voilà la marche de la Nature. Tout arrive insensiblement à ce terme de simplification : il suffit d'observer pour s'en convaincre. Mais pour bien voir en observant, il faut être capable de s'élever au dessus des préjugés introduits par inconsidération et de fausses vues, et entretenus par l'obstination de l'amour-propre; il faut savoir n'être point esclave des erreurs même les plus accréditées ; il faut enfin avoir le courage de sacrifier la considération momentanée qu'on obtiendrait, comme tant d'autres, en étayant l'erreur de ceux qui sont parvenus à faire autorité à cet égard, et montrer la vérité lorsqu'on a su la découvrir.

Formation des pétrifications.

Enfin les molécules plus ou moins purement vitreuses qui se filtrent ou se tamisent à travers les masses terreuses et les pierres tendres, à l'aide de l'humidité qui y pénètre, parviennent encore à s'agréger ensemble, en pénétrant dans le tissu organique des portions de végétaux ou d'animaux qu'elles rencontrent, et dont les traits d'organisation ne sont pas encore altérés. Elles remplacent successivement les particules de ces restes de corps organisés, à mesure que ces particules sont détruites et emportées par la filtration des eaux; en sorte qu'il ne reste plus réellement que la figure et une sorte de squelette du corps organique qu'on voit alors comme changé en pierre. Tel est le mode de formation des bois pétrifiés, etc.

Ce que je viens de dire sur la formation des *pétrifications* est bien connu et très-fondé; mais, comme je l'ai fait remarquer, on en a étendu mal à propos le principe à tout ce qui, d'abord de nature calcaire ou de nature argileuse, était ensuite trouvé dans un état plus ou moins complétement siliceux. Or, je le répète, j'ai la conviction, par suite du grand nombre d'objets que j'ai observés, et par les nuances et les passages insensibles que j'ai remarqués dans les transformations d'une substance en une autre, qu'une masse de matière calcaire peut passer insensiblement à l'état de matière siliceuse, sans que les molécules siliceuses qu'on lui trouve alors, aient été apportées postérieurement dans sa masse, en remplacement des siennes. Il arrive certainement la même chose aux matières argileuses.

Formation des granits et des pierres agrégées diverses.

On sait que le *granit* est une roche composée d'une réunion de petits morceaux de quartz, de feld-spath et de mica, parmi lesquels on trouve souvent des morceaux de schorl. Ces différentes sortes de matières et de masses pierreuses, dont les unes sont cristallisées et les autres ne le sont pas, étant agrégées en masse commune, constituent la roche composée dont il s'agit, roche que les naturalistes regardent très-mal à propos comme *primitive*.

Dabord, ce ne pourrait être que conjecturalement qu'on désignerait *comme primitive* une matière quelconque; et lorsqu'on se hasardera à le faire, l'état des connaissances acquises n'autorisera jamais à indiquer comme telle une matière composée.

Ensuite, ce ne serait point en faveur des *granits* que les probabilités se réuniraient le plus pour les faire regarder comme des *matières primitives;* car l'origine de plusieurs des parties composant des *granits* est encore assez déterminable pour écarter toute conjecture de cette sorte à leur égard.

Tout ce qu'il est possible de dire de raisonnable au sujet des matières composées qu'on observe à la superficie et dans la croûte externe du globe, c'est que les unes sont plus anciennes que les autres, c'est-à-dire, sont plus éloignées de leur origine. Mais d'une matière ancienne ou fort éloignée de son origine, à une matière véritablement *primitive*, la distance peut être infinie; en sorte que c'est manquer à la raison, que de confondre ces deux objets.

On trouve souvent des masses de *granit*, grandes ou petites, complétement isolées, tantôt posées sur un fond ou sur une base moins solide que ces masses même, et tantôt s'appuyant sur des roches quartzeuses. Or, il n'est point du tout prouvé que les masses de *granit* qui existent, soit qu'elles se trouvent isolées, soit qu'on les observe amoncelées ou groupées sérialement plusieurs ensemble, aient une véritable contiguité avec les matières solides qui composent tout l'intérieur du globe terrestre. Tout annonce au contraire que les granits n'ont point de contiguité essentielle avec les matières solides de l'intérieur du globe, mais que ce sont de véritables dépôts dont nous allons indiquer la cause et le mode dans l'instant.

Nous allons voir en outre que la cause qui a donné lieu à ces dépôts, a dû en général en disposer les amoncélemens d'une manière sériale, et alors nous concevrons pourquoi les principales masses de granit observées et qui constituent les montagnes les plus hautes, sont en général disposées par chaînes ou par séries longitudinales, plus ou moins régulières.

Pour bien saisir le mode de formation des granits, il me paraît nécessaire de distinguer dans cette formation trois actes différens, savoir :

1°. L'acte de la formation des molécules intégrantes de chaque sorte de matière pierreuse qui entre dans la composition du *granit*.

2°. L'acte de transport de ces diverses sortes de molécules lapidifiques, jusqu'au lieu où elles sont déposées.

3°. L'acte de dépôt, d'agrégation et d'amoncélement de ces mêmes molécules au moyen duquel le granit se forme, et dont la continuité non interrompue agrandit proportionellement la masse.

Ces trois actes ne peuvent être confondus en un seul dans la formation de chaque masse de granit; ils sont nécessairement distincts, et ont dû avoir lieu pour chaque masse de granit dans l'ordre où je les présente.

Relativement à l'acte de formation des molécules intégrantes de chaque sorte de matière pierreuse (*du feld-spath*, *du mica*, *du schorl* et *du quartz*) qui entre dans la composition du granit, il n'est pas plus difficile de s'en former ici une juste idée, que de concevoir le même acte qui donne lieu aux molécules intégrantes du feld-spath, du mica, du schorl et du quartz qu'on voit en différentes masses dans nos montagnes et dans le sol des parties nues du globe. J'ai déjà indiqué cette formation (p. 123), et on a pu voir qu'elle résulte évidemment de la suite d'altérations successives que les dépouilles des corps vivans subissent jusqu'à l'entière séparation de tous les principes qui les constituaient.

C'est ici le lieu de remarquer que les *matières argileuses* n'existant très-certainement dans la Nature que par les végétaux, comme les *matières calcaires* n'y existent que par les animaux, et que le mica ainsi que le schorl, provenans assurément des matières argileuses et même en très-grande partie le feld-spath, il est évident que chacune de ces matières est postérieure à l'existence des végétaux. Enfin, comme le feld-spath contient dans la combinaison de sa molécule intégrante des principes calcaires en petite proportion, et des principes argileux en proportion plus grande, il est donc d'une formation postérieure à l'existence des animaux et des végétaux, ainsi que toute espèce de granit, ceux-ci n'étant que des agrégats de ces matières.

Quant à l'*acte de transport* des molécules intégrantes de chaque sorte de matière pierreuse qui entre dans la composition du granit, et qui met ces molécules dans la circonstance propre à former la roche composée dont il s'agit, voici ce que je crois très-fondé à cet égard.

Toutes les molécules intégrantes, soit des *feld-spaths*, soit des *micas*, soit des *schorls*, soit enfin du *quartz*, ne sont pas généralement tamisées par l'infiltration des eaux douces, à travers les parties tendres et poreuses de la masse du sol, jusqu'à ce qu'elles trouvent à s'agréger pour former des masses, grandes ou petites, de même nature qu'elles. Une partie de ces molécules, à mesure qu'elles sont formées, se trouve entraînée par les ruisseaux et les torrens des montagnes jusque dans les fleuves, et ceux-ci les portent à la mer, où ils les déposent toujours plus tard que le limon grossier qu'ils charient également.

Or, c'est dans ce transport à la mer, des molécules intégrantes et isolées des *feld-spaths*, des *micas*, des *schorls* et du *quartz*, par la voie des fleuves, qu'il faut chercher la cause réelle de la formation des *granits*, ainsi que de leurs amoncélemens énormes, et par séries longitudinales ; ce que je vais essayer de démontrer.

Il n'est pas besoin pour cela de supposer que le globe terrestre ait été entiérement recouvert par des eaux tenant alors en suspension dans leur masse les molécules lapidifiques des diverses matières dont il s'agit, les laissant petit à petit se déposer et s'agréger plus ou moins réguliérement. Cette supposition que rien de certain n'autorise, ne nous donnerait pas encore la raison de la disposition par séries des masses granitiques, et nous laisserait encore dans l'embarras sur l'origine des molécules des diverses substances pierreuses, origine que maintenant l'obstination seule affecterait de méconnaître.

Les molécules intégrantes des matières pierreuses dures, beaucoup moins composées que celles des matières terreuses et des substances pierreuses tendres, et (selon l'expression des chimistes) tenant de la silice en plus grande proportion que celles-ci, sont en conséquence d'une bien plus grande ténuité, restent plus facilement suspendues dans les eaux, ou s'en précipitent avec plus de lenteur; il en résulte que les fleuves qui les portent à la mer, les conduisent un peu plus loin dans son bassin, qu'ils ne font du limon grossier dont ils sont aussi chargés.

Il est vraisemblable d'ailleurs que les fleuves qui viennent des pays de montagnes ou qui reçoivent des torrens qui en arrivent, sont plus chargés de ces molécules abondamment siliceuses, que les fleuves qui sont dans un cas opposé.

Les choses étant ainsi, les molécules dont il est question sont transportées dans le bassin des mers à une distance quelconque, qui est toujours à peu près la même par rapport à l'éloignement de l'embouchure du fleuve qui les a apportées.

Là elles s'abaissent insensiblement à mesure que le mouvement des eaux qui les soutiennent, diminue, et à la fin atteignant le fond, elles se distribuent et s'agrègent suivant les lois générales de l'attraction et des affini-

tés,

tés, dont les principales sont dépendantes de leur figure et de leur masse.

Dans cette agrégation, on ne saurait douter que les molécules *quartzeuses* ne se réunissent ensemble ou ne s'appliquent sur les petites masses quartzeusses auxquelles elles peuvent encore s'unir; qu'il n'en soit de même à l'égard des molécules du *feld-spath*, et de même encore à l'égard de celles du *mica* et à l'égard de celles du *schorl*. Or, il en résulte que, sans le secours d'aucun ciment particulier, diverses petites masses de chacune de ces matières se forment et s'achèvent ou s'interrompent continuellement; que de nouvelles masses semblables recommencent à se former, finissent et se renouvellent de même, et que toutes se lient d'une manière solide en une masse commune. Il en résulte encore que la masse générale de ces agrégats, par suite des ans et des siècles multipliés, s'accroît proportionnellement, et qu'après un laps de tems considérable elle forme en ce lieu une montagne sous-marine de *roche granitique*.

Maintenant considérons qu'à mesure que le bassin des mers se déplace, les fleuves qui ont leur embouchure sur les rives que la mer abandonne, s'alongent proportionnellement à l'avancement des nouveaux rivages maritimes acquis de ce côté (1), tandis que ceux qui ont leur embouchure sur les rives que la mer envahit, se racourcissent dans la proportion des envahissemens.

Or, supposons qu'un fleuve dans le cas de former, à une certaine distance dans la mer, des dépôts qui donnent lieu à une montagne granitique sous-marine, ait été racourci par l'envahissement d'une partie du continent sur lequel il roulait ses eaux, et que par-là son embouchure ait été rapprochée de sa source, il me paraît évident que les dépôts de ce fleuve auront aussi changé de place dans la mer; et comme ces déplacemens de l'embouchure du fleuve se font avec une lenteur inappréciable, ce même fleuve aura eu le tems à chaque déplacement, de former une nouvelle montagne sous-marine contiguë aux précédentes, de manière que la totalité des monts sous-marins formés par le fleuve, sera disposée sérialement dans la direction même de son cours, et continuera de se prolonger jusqu'à ce que le fleuve ait été totalement envahi avec la partie du continent qui le faisait exister.

(1) L'embouchure du Nil est maintenant plus éloignée de sa source, qu'elle ne l'était autrefois; cela est reconnu, et est arrivé à bien d'autres.

Si l'on juge de la grandeur des continens qui ont pu autrefois faire partie de la surface du globe, d'après ceux qui existent à présent, et si l'on considère qu'ils ont pu permettre aux principaux de leurs fleuves une étendue de 800 à 1,000 lieues et peut-être davantage en longueur, on aura, dans leurs plus grands fleuves, un moyen capable d'avoir fourni dans le bassin des mers, des *chaînes de montagnes granitiques* sous-marines, correspondantes à celles que nous voyons actuellement dans les parties sèches de nos continens.

Sur de pareilles considérations, l'on me demandera comment des montagnes sous-marines ont pu devenir des montagnes très-élevées au dessus du niveau des mers, comme les Cordilières, le Caucase, les monts Altaï, nos Alpes européennes, etc. Mais qu'on prenne la peine de considérer ce que j'ai déjà exposé à cet égard, ainsi que l'ADDITION, p. 173, et je suis persuadé qu'on cessera d'être embarrassé sur ce point.

Je le répète : d'une part, le bassin ne saurait se déplacer sans changer le centre de gravité du globe ; de l'autre part, quoique la forme générale de ce globe reste toujours la même, la forme et l'élévation particulière de chaque lieu de sa surface change perpétuellement, quoiqu'avec une lenteur qui en rend les changemens imperceptibles à l'homme. Ces changemens résultent non-seulement des suites des mouvemens des eaux douces et de celles des déplacemens du bassin des mers, mais en outre de ce que les points et les aplatissemens polaires se déplacent, ainsi que les élévations équatoriales (1). Il s'ensuit que ce qui était fort élevé, subit des abaissemens progressifs et continuels, tandis que ce qui se trouvait très-abaissé, s'élève sans cesse insensiblement.

Il paraît donc très-probable que les montagnes ont été taillées dans les plaines par les

---

(1) S'il est vrai que les points polaires, c'est-à-dire, que les deux points de rotation du globe se déplacent, les aplatissemens polaires et les élévations équatoriales doivent aussi se déplacer proportionnellement ; car les causes de ces aplatissemens et de ces élévations transportent successivement ailleurs le *maximum* de leur puissance.

On a remarqué que les plus hautes montagnes étaient situées principalement dans la zone torride ou dans son voisinage, tandis que vers les pôles les montagnes s'abaissent de plus en plus, et même au point d'y être nulles. Cela provient peut-être de la différence de gravitation des objets dans ces régions opposées. Au reste, voyez dans L'ADDITION, p. 173, des éclaircissemens sur cette importante considération.

mouvemens des eaux douces, comme je l'ai dit p. 11 à 22, et que dans la masse de ces plaines, les roches quartzeuses informes s'y sont petit à petit formées et accumulées par la voie de l'infiltration des eaux ; au lieu que les roches composées granitiques qui s'y sont aussi trouvées à la suite des tems, avaient été auparavant formées par des dépôts successifs opérés dans les mers.

En effet, les *roches granitiques* laissées à nu par le déplacement du bassin des mers, se seront peu à peu recouvertes de corps vivans et surtout de végétaux ; en sorte que les dépôts continuellement renouvelés de ces corps, auront enveloppé ces roches, comblé leurs intervalles ou ceux de leurs lobes, et donné lieu aux plaines dans lesquelles on les voit enfoncées. Après une longue suite de siècles que ces parties de la surface du globe auront été découvertes, les plaines qui renfermaient ces roches granitiques auront été dégradées par les eaux : il s'y sera taillé de hautes montagnes par la formation de grandes vallées creusées par les torrens, les rivières et les fleuves ; et à la fin les sommités de ces montagnes mises graduellement à nu, auront réduit ces roches à l'état où nous les voyons en bien de pays.

Il est vraisemblable que les *roches porphyritiques* auront été aussi formées dans la mer, et qu'elles sont le résultat des dépôts apportés par les fleuves, surtout par les torrens qui viennent des montagnes. Mais ces dépôts se seront formés plus précipitamment que ceux des granits, et leur matière, au lieu de consister en molécules intégrantes pierreuses, isolées, se sera trouvée composée de petits morceaux de *feld-spath* qui auront été précipités successivement dans la mer, et avec lesquels les molécules de la matière qui forme la pâte des porphyres, auront été précipitées simultanément. Il se sera donc formé par une agrégation confuse et continuelle, une masse pierreuse, dans laquelle les petits morceaux de *feld-spath* auront été parsemés.

Les gneiss, les granitelles et tant de *roches composées*, formées par couches, et qui paraissent résulter d'une agrégation confuse de *détritus* des roches granitiques, au moyen d'un ciment peu apparent, ont, à ce que je crois, une origine fort analogue à celle des porphyres

Ces détails pouvant suffire à quiconque voudra s'occuper sérieusement des grands points de vue que je viens d'indiquer, je passe à la considération qui complète l'objet de ce chapitre, et je dis :

Combien maintenant n'importe-t-il pas de savoir, pour l'établissement d'une bonne théorie du globe terrestre, que l'*influence des corps vivans*, par les suites naturelles de leur existence et des dépouilles qu'abandonnent les générations multipliées et toujours renouvelées de ces êtres, manie et remanie sans cesse la croûte externe de notre globe, y produit une multitude et une diversité de matières brutes et composées si grandes, que jamais on ne parviendra à en saisir et à en déterminer toutes les nuances et toutes les variations possibles; enfin, que cette influence des corps vivans ne cesse de modifier de toutes les manières les parties qui composent cette croûte externe du globe!

Comme les idées s'agrandissent et deviennent proportionnellement plus claires et plus simples à mesure que l'on réfléchit sur ce qui vient d'être exposé, la confusion dans laquelle elles étaient à cet égard, par la supposition de la préexistence de toutes les matières minérales avant l'établissement de l'ordre que nous connaissons, trouve maintenant son terme, et la marche éternelle de la Nature peut actuellement se dévoiler sans obstacle à nos yeux. En effet, cette supposition de la préexistence de toutes les matières minérales, à laquelle il en a fallu ajouter bien d'autres, comme par exemple, celle de croire que toutes ces matières avaient été autrefois tenues en dissolution dans un liquide, et cela lorsque, par une autre supposition, notre globe se trouvait dans un état de liquidité, et qu'ensuite elles avaient été précipitées tumultueusement, ce qui avait enfin donné l'existence aux continens et à l'état actuel des choses; cette supposition, dis-je, et ces brillantes hypothèses, par lesquelles les minéralogistes se laissent encore dominer, sont autant d'obstacles qui s'opposent à ce qu'ils puissent saisir la marche réelle de la Nature.

On ne doit pas hésiter : lorsqu'on a pris une mauvaise route, il faut la quitter, revenir sur ses pas et faire en sorte d'en prendre une meilleure. La vérité que l'on a tant d'intérêt de connaître, vaut bien la peine de faire quelque sacrifice pour arriver à elle.

Que l'on s'applique à rechercher ce que deviennent réellement les dépouilles et les produits des corps vivans; quels sont les changemens que ces dépouilles et ces produits subissent avec le tems, lorsqu'ils sont abandonnés au pouvoir du tems, c'est-à-dire, aux moyens qu'a la Nature pour agir sur eux; enfin, quelles sont les matières diverses auxquelles ces changemens peuvent successivement donner lieu, alors on aura, pour découvrir la vérité, une voie plus naturelle, plus simple, plus sûre et plus susceptible d'être vérifiée et rectifiée par l'observation des faits, que celle que fournissent les hypothèses arbitraires et sans fondemens que je viens de citer dans l'instant.

Il n'est plus possible d'en douter : toutes les *craies*, soit celles qui sont encore pures, soit celles qui ont subi des modifications et celles qui se trouvent dans des mélanges, proviennent uniquement des animaux.

Il paraît que les craies phosphatées viennent des animaux à vertèbres, et que les animaux sans vertèbres ne produisent que des craies carbonatées. Ce n'est, au reste, qu'une conjecture qu'il faut soumettre à l'examen des faits.

Toutes les *argiles* et leurs dérivés viennent originairement des végétaux : elles sont plus ou moins modifiées par différens acides ou par les autres causes que j'ai désignées.

Or, s'il en est ainsi, les *granits* tenant essentiellement de véritables derivés des argiles, ne sont donc pas, comme je l'ai dit, des matières primitives.

Voilà donc deux sources principales où les

deux sortes de matières composées terreuses et pierreuses les plus essentielles et les plus abondantes dans la Nature prennent naissance, et dont toutes les autres ne sont que des modifications.

Consultez ce qu'à cet égard l'observation nous apprend, et alors vous saurez que les *craies* et que les *argiles* de toutes les sortes forment une très-grande partie de la croûte externe du globe ; qu'elles s'y présentent l'une et l'autre formant des bancs d'une épaisseur et d'une étendue immenses, et donnant lieu à des chaînes de montagnes très-considérables. En un mot, vous saurez que toutes les autres sortes de matières composées terreuses ou pierreuses, dans lesquelles le caractère éminent, soit de la craie, soit de l'argile, ne se distingue plus, ne se trouvent dans la croûte externe du globe qu'en très-petite proportion, comparativement aux deux terres composées principales dont je viens de parler.

La *magnésie* n'est qu'une modification de l'argile, que l'art n'a pas encore pu imiter, et qui est stationnaire pour nous ou dans nos opérations, comme l'est la chaux, la baryte, l'alumine. A cet égard, je crois que la magnésie est à l'argile, ce que la baryte est à la craie. Sans doute l'art n'a pas encore trouvé d'instrument ni de moyen pour décomposer ces substances; mais la Nature, qui a sur lui une supériorité qu'il n'atteindra jamais, sait décomposer ces matières comme toutes les autres, et amener à l'état vitreux toute substance terreuse ou pierreuse quelconque.

Toutes les matières composées d'un mélange plus ou moins égal des deux types des substances composées terreuses (les craies et les argiles), doivent leur existence aux circonstances qui ont favorisé ces mélanges, ainsi qu'aux altérations et aux modifications que les matières salines ont pu leur faire subir.

Le grand but des recherches des minéralogistes, en observant et étudiant toutes les matières minérales qu'ils rencontrent, doit donc être principalement dirigé, à l'égard des matières terreuses et pierreuses, vers la détermination de l'origine de chaque sorte de substance, et vers celle du degré d'éloignement où se trouve cette substance de son type ou de sa source, et par conséquent de son degré d'altération et de simplification.

Ainsi, pour les matières terreuses et pierreuses, les résultats de ces recherches donneront lieu à la formation des trois séries principales, savoir:

1°. La série des terres et pierres *calcaires pures*, altérées et modifiées graduellement par différentes causes, et suivie dans tous ses degrés jusqu'à l'entière transformation de ces substances en terres ou pierres vitreuses.

2°. La série des terres et pierres *argileuses pures*, altérées et modifiées graduellement par différentes causes, et suivie dans tous ses degrés jusqu'à l'entière transformation de ces substances en terres ou pierres vitreuses.

3°. La série des terres et pierres formées d'un mélange de craie et d'argile, dans quelque proportion que ce soit, série que l'on suivra dans tous les degrés d'altération et de modification de ces matières, jusqu'à leur entière transformation en terres ou pierres vitreuses (1).

Tout le *carbone* (le feu fixé carbonique) a été, comme je l'ai déjà dit, formé primitivement par les végétaux; mais une partie de ce carbone, constamment modifié par l'action organique des animaux, paraît transformé, par ces derniers, en azoth et en quelques autres modifications du *feu fixé*, produites par ces êtres.

---

(1) *Voyez* dans mes *Mémoires de Physique et d'Histoire naturelle*, page 349, un tableau présentant l'esquisse de l'ordre naturel des *mineraux*.

Le carbone, par l'influence des circonstances favorables, et peut-être d'un laps de tems considérable, resserré, cumulé et intimement uni à une *base terreuse*, forme à la fin ces combinaisons si intimes, ces matières si compactes qui ont une opacité parfaite dans les plus petites portions de leur masse, enfin, qu'on trouve dans certaines parties de la croûte externe du globe, et qu'on nomme *métaux*.

S'il y a deux types ou deux sources particulières pour toutes matières terreuses et pierreuses composées quelconques, il y a aussi très-vraisemblablement deux types de *terres métalliques*, c'est-à-dire, de terres susceptibles de former, avec le carbone, les combinaisons si intimes et si compactes qu'on voit dans les métaux : or, ces types sont sans doute des dérivés, l'un de la *craie*, et l'autre de l'*argile*.

Les substances métalliques seraient donc susceptibles d'être distinguées en celles dont la base terreuse est d'origine animale, et celles dont la base terreuse provient originairement des végétaux.

Ainsi, comme on a lieu de croire que les terres d'origine animale fournissent, parmi leurs dérivés, une terre propre à devenir métallique par son intime union avec le carbone, le soupçon a dû naturellement tomber sur la *baryte*, qui est un dérivé véritable de la craie, quoique les chimistes ne puissent la faire remonter à cet état. L'estimable chimiste *Peltier* a eu en effet ce soupçon, et je le crois très-fondé.

De même les terres d'origine végétale (les argiles) fournissant aussi, parmi leurs dérivés, une terre propre à se métalliser, je présume que la *magnésie* pourrait bien être dans ce cas; mais il faut que la Nature l'ait combinée d'avance avec une certaine quantité de *feu fixé* qui la colore, pour que cette *magnésie* ou cette espèce d'argile pyritisée soit susceptible d'être métallisée par l'art et transformée complétement en fer : aussi toute espèce d'ocre ou de terre martiale se trouve-t-elle toujours colorée.

En attendant que les recherches des minéralogistes, qui doivent être aussi dirigées vers ce but, nous aient procuré des connaissances plus positives sur ces objets, il me paraît très-vraisemblable que le *fer* est la seule substance métallique dont la base terreuse soit d'origine végétale. Cette métallisation que la Nature commence partout, mais qu'on ne rencontre nulle part véritablement complète, et que l'art achève si facilement, présente ses élémens répandus dans presque tous les corps, et est bien plus commune que les autres.

Toutes les altérations que le *carbone* subit dans son état, et conséquemment tous les dérivés de ce *feu fixé*, lorsqu'il a éprouvé des changemens, donnent sans cesse naissance, selon les unions qu'il contracte avec d'autres matières, à différentes sortes d'*acides*, de *gaz*, d'*alkalis*, d'*oxides*, d'*alkools* et d'*aromes* (1).

L'énumération de toutes les sortes qu'on peut obtenir de ces matières, qui sont plus ou moins inflammables, plus ou moins salines, et qui toutes ont pour radical le *feu fixé*, mais qui est plus ou moins complétement fixé dans chacune d'elles, ne peut avoir de terme, et me paraît moins digne que le principe même, d'être considéré.

---

(1) *Voyez* dans mes *Mémoires de Physique et d'Histoire naturelle*, p. 144 et suiv., les développemens essentiels de cette théorie ; quoique très-resserrée, ses principes répondent à tous les cas observés, et fournissent une explication simple et naturelle de tous les faits connus. Quelques efforts que l'on fasse pour qu'elle ne soit pas connue, l'on sera forcé de l'adopter. Je dis plus : si un heureux hasard ne me l'eût fait entrevoir, la force de la vérité y eût conduit un jour.

Il n'est pas vrai, et il me paraît même absurde de croire que l'*air pur*, qu'on avait nommé à juste titre *air vital*, et que les chimistes appellent maintenant *gaz oxigène*, soit le radical des matières salines, c'est-à-dire, soit le principe de l'acidité, de la causticité ou de toute salinité quelconque. Il y a mille moyens pour réfuter cette erreur sans possibilité de réplique. La seule considération de l'insapidité de l'eau que l'on a chargée de la plus grande quantité possible de ce gaz oxigène, de ce prétendu radical des substances savoureuses ou salines, serait plus que suffisante pour éclairer à cet égard si l'on voulait ouvrir les yeux sur cet objet.

Si cet *air pur* ou élémentaire se fixe dans les matières qui s'oxident, ce n'est pas une raison pour attribuer, à lui particuliérement, les qualités qu'on observe aux matières oxidées; l'état du *feu fixé* que ces matières contenaient avant leur oxidation, n'est assurément pas le même que celui qu'elles renferment après. Quand vous détruisez l'oxidation d'un oxide métallique, il ne faut pas croire que le seul changement que vous opérez dans cet oxide, soit la soustraction de l'*air pur* ou *vital* qu'il contenait : en revivifiant le métal, non-seulement vous lui enlevez tout l'air qu'il qu'il contenait dans son état d'oxide, mais par des additions directes ou indirectes vous rétablissez son feu fixé dans l'état de celui que contiennent les métaux, c'est-à-dire, dans l'état de *carbone*.

On ne se tirera jamais de l'embarras où l'on s'est jeté en prenant le change sur l'acte *de la combustion*, et en voulant faire croire aux hommes que, dans cet acte, c'est l'air qui brûle et non le combustible. Cette hypothèse, la meilleure de toutes celles qu'on avait imaginées lorsque *Lavoisier* la conçut, ne peut plus maintenant se soutenir, depuis que j'ai découvert ce qu'est réellement le *calorique*.

Si PRIESTLEI, qui a essayé plusieurs fois d'attaquer la théorie des chimistes modernes, avait eu lui-même une idée exacte de la combustion; si au lieu de croire, comme tout le monde, que le *calorique* est une matière qui a essentiellement et en tout tems les facultés qu'on lui connaît, et que ses molécules ont naturellement celle de se repousser mutuellement, ce qui n'est possible que dans un cas particulier (1); si, dis-je, il avait su remar-

(1) Les molécules des fluides élastiques, telles que celles du *calorique*, du *fluide électrique*, du *fluide magnétique*, etc. n'ont la faculté de se repousser mutuelle-

quer que cette matière n'est qu'accidentellement dans cet état de *calorique*, et n'en a les facultés que passagérement ; s'il avait en outre pris garde que cette même matière fait partie constituante de la plupart des composés, et que, lorsqu'elle s'y trouve combinée complétement ou jusqu'à saturation, elle ne leur communique aucune faculté altérante, et ne s'en dégage guère que par la voie de la combustion ; qu'elle constitue alors le *phlogistique* des uns, le *principe inflammable* des autres, le *carbone* des chimistes actuels, le *feu fixé carbonique* de ma théorie ; que la même matière, dans un état aériforme, constitue le *gaz hydrogène* des chimistes ; que, combinée avec différens liquides, elle donne l'existence aux différentes huiles, etc. ; qu'enfin c'est partout le même *feu fixé carbonique*, le même *phlogistique*, le même *carbone*, dont on n'a fait que changer le nom, selon les différens cas où on l'observe.

---

ment que lorsqu'elles sont cumulées et resserrées au point d'éprouver une véritable compression. Dans le cas contraire, aucune de ces molécules ne peut être répulsive. Il y a, pour expliquer les faits électriques et les faits magnétiques, des moyens plus simples et plus dans la Nature, que la supposition d'une *faculté répulsive* innée dans ces matières.

Si ensuite *Priestlei* eût fait attention que la matière du feu, que les hommes ne considèrent que lorsqu'elle est dans l'état passager de *calorique*, est souvent combinée incomplétement ou sans saturation dans les corps; qu'au lieu d'y être alors sans énergie, comme lorsqu'elle y est dans l'état de *carbone*, elle y jouit d'une grande tendance au dégagement; qu'elle a fortement la faculté d'altérer la combinaison des autres corps qu'elle peut toucher; qu'elle est alors le vrai radical de toute *acidité*, de toute *causticité* et de toute *salinité* quelconque, et que conséquemment j'ai dû lui donner, lorsqu'elle est dans cet état, le nom de *feu fixé acidifique*. (*Voyez* mes *Mém. de Phys. et d'Hist. nat.* p. 152.

Si, dis-je, Priestlei eût remarqué et connu ces différens états de la matière du feu, et les facultés particulières qu'elle acquiert dans chacun de ces états, il eût attaqué d'une manière victorieuse la théorie des chimistes modernes, et il ne leur eût laissé d'autre ressource, pour conserver quelque tems encore le crédit de cette théorie, que le prudent moyen qu'ils ont déjà employé à l'égard des objections auxquelles ils ne peuvent répondre.

Sans doute les chimistes, persuadés de la solidité de leur théorie, et desirant, sous ce point de vue, de la faire adopter, ont bien fait de s'emparer, en France, de toutes les voies d'instruction; de se liguer, de prendre un ascendant sur les auteurs de tous les écrits périodiques, de préconiser partout les étrangers qui écrivaient dans leur sens, d'obstruer toutes les routes pour ceux qui voient d'une autre manière, de garder un profond silence sur les grandes considérations que j'ai présentées dans mes ouvrages pour l'établissement d'une théorie fondée sur d'autres principes; enfin, de ne laisser entamer nulle part aucune discussion sur ce sujet; si elle eût été une fois ouverte, je pense qu'elle eût pu attirer l'attention générale des savans, et il n'y a point de doute, dans ce cas, que celle des deux théories qui a le moins de fondement, n'eût été à la fin reconnue pour telle.

Quelle peut donc être la cause qui rend les intérêts des chimistes et les miens si opposés à cet égard? J'ai desiré et j'ai provoqué partout l'examen authentique des considérations nouvelles que je suis parvenu à découvrir; partout les chimistes ont mis le plus grand soin à éviter cet examen et toute discussion *écrite* sur ce sujet. Je m'en rapporte au lecteur sur la conséquence qu'il convient de tirer de ces conduites si différentes.

Relativement aux analyses, par le moyen desquelles les chimistes trouvent dans la Nature tant de substances nouvelles, je me bornerai à la remarque suivante.

Que fait-on lorsqu'on emploie ce qu'on nomme l'*analyse chimique* pour connaître une matière minérale que l'on rencontre?

Tantôt, après l'avoir pulvérisée ou divisée autant qu'il est possible, on la soumet au feu dans des creusets, soit seule, soit avec des mélanges de potasse, ou de soude, ou de borax, ou d'autre matière composée, pour en opérer la fusion ou en obtenir par digestion quelque combinaison particulière; et tantôt on la fait dissoudre dans différens menstrues altérans, tels que des acides, de l'alkool, etc. qui en dissolvent, soit la totalité, soit des portions particulières. On précipite les parties dissoutes ou les nouveaux composés qu'on prend pour elles, en mêlant à la dissolution d'autres matières encore altérantes. On lave et l'on fait sécher les produits, soit pour en examiner la nature, soit pour les faire de nouveau dissoudre dans d'autres menstrues. Enfin, on distille les matières dissoutes ou les mélanges, etc. ou bien l'on calcine, l'on torréfie ou l'on altère les produits d'une autre manière, selon les vues que l'on se propose encore. Le choix, le nombre et l'ordre de ces opérations dépendent du besoin que l'opérateur croit en avoir, et il emploie ces sortes d'opérations, non-seulement sur la matière qu'il veut analyser, mais encore sur ses produits, qu'il y soumet séparément. Lorsqu'il croit avoir suffisamment multiplié les opérations de cette nature, alors il prononce sur les résultats obtenus et sur la composition de la matière qu'il a analysée (1).

Mais, je le demande sérieusement à tout homme qui pense, qui juge par lui-même, qui ne se rend qu'à la raison, et qui jamais ne courbe la tête sous l'autorité en crédit,

---

(1) Quant aux résultats particuliers qu'au moyen des *opérations chimiques*, on obtient de chaque matière saisie dans une des nuances de changement auxquelles toutes les matières composées minérales sont assujetties, ces résultats, qui ne présentent assurément point les vrais composans de la matière soumise à ces opérations, n'en doivent pas moins être particuliers à celle-là. Les proportions de ses principes, étant alors différentes de celles des autres matières minérales, doivent en effet conduire à des résultats qui lui sont particuliers.

De même, lorsqu'on opère un calcul avec des sommes qui ne sont pas les mêmes que celles dont on a fait usage dans une autre opération semblable, les résultats des deux opérations doivent nécessairement être différens.

quelles conséquences peut-on tirer de ces diverses opérations altérantes dans lesquelles on détruit des combinaisons et on en forme d'autres; dans lesquelles les agens qu'on emploie, dissipent des principes qu'on ne saurait retenir, et fournissent les leurs ou une portion des leurs aux différentes sortes de résidus ou de produits qu'on obtient?

Croit-on réellement parvenir par cette voie, à connaître l'état de la combinaison de la matière, examiner le nombre et les véritables proportions de ses élémens constitutifs? Oui sans doute, me dira-t-on; cette voie peut faire parfaitement connaître ce qu'était la substance dont il s'agit: tout le monde le croit, chacun en est persuadé.

Eh bien! dans ce cas, je suis le seul qui ne le croit point.

CONCLUSION DE CE CHAPITRE.

Par tout ce qui a été exposé dans ce chapitre, l'on voit que l'influence des *corps vivans* sur les matières qui se trouvent à la surface du globe terrestre et qui composent sa croûte externe, est bien considérable, puisque ces êtres, infiniment diversifiés et multipliés, et dont les générations se succèdent continuellement, recouvrent de leurs dépouilles successivement entassées et toujours renouvelées, toutes les parties de la surface du globe sur lesquelles ils habitent.

On sentira plus encore combien cette influence est grande, si l'on considère que les *détritus* des corps vivans et de leurs productions se consument sans cesse, se déforment et cessent à la fin d'être reconnaissables. Que les eaux pluviales qui mouillent, qui s'imbibent, qui lavent et qui filtrent, détachent de ces détritus de corps vivans des molécules intégrantes de diverses sortes, favorisent les altérations qu'elles subissent alors dans leur nature, les entraînent, les charient et les déposent dans l'état où elles sont parvenues.

Il en résulte nécessairement que les *matières composées minérales* de tous les genres et de toutes les sortes qui composent la croûte externe du globe terrestre, qu'on y voit par amas isolés, par filons, par couches parallèles, etc. et qui y forment des plaines, des côteaux, des vallons et des montagnes, sont exclusivement le produit des animaux et des végétaux qui ont vécu sur ces parties de la surface du globe.

On sait que, dans une vaste étendue de pays, comme dans les déserts de l'Afrique, où le sol, depuis bien des siècles, se trouve à nu, sans végétaux ni animaux quelconques qui y séjournent, en vain y chercherait-on autre chose que des matières presque purement vitreuses : le règne minéral s'y trouve sans diversité d'objets, et réduit presqu'à des matières quartzeuses plus ou moins pures.

Le contraire a lieu dans tout pays couvert depuis long-tems de végétaux abondans et d'animaux divers. Le sol y offre à l'extérieur une terre végétale ou végéto-animale, épaisse, succulente, fertile, recouvrant çà et là des matières minérales de toutes les sortes, tantôt salines, bitumineuses, sulfureuses, pyriteuses, métalliques, et tantôt pierreuses, etc. etc.

A mesure que l'on découvre un pays chargé d'abondans végétaux, ce qu'on appelle le *défricher*, et qu'on met à bas les forêts, les arbres et arbustes de tout genre, pour y cultiver sur un sol mis à nu, des végétaux bas et herbacés utiles à l'homme, on sait que ce sol qu'on trouve d'abord très-fertile, s'appauvrit alors insensiblement, devient graduellement stérile, et que ses parties se transforment petit à petit en matières siliceuses, si on n'y supplée, c'est-à-dire, si l'on n'arrête cette stérilité croissante par des engrais abondans, qui ne sont que des débris plus ou moins consumés de matières produites par les corps vivans.

J'ai établi depuis long-tems cette théorie, c'est-à-dire, toute celle que comprend ce quatrième chapitre (1), et j'en ai donné des développemens suffisans dans mes *Mém. de Phys.* etc. Néanmoins on a fait comme si on ne la connaissait pas, ou comme si l'on n'y avait aucun égard; et cependant on s'en empare petit à petit dans plusieurs de ses détails. J'en vois paraître des démembremens importans dans différens cours, dans des Mémoires et dans d'autres ouvrages qui se publient chaque jour, sans que les auteurs veuillent reconnaîte la véritable source de ces connaissances (2).

Malgré cette injustice des hommes (dans laquelle, au reste, je ne vois qu'un effet na-

(1) *Voyez*, dans mon *Dictionnaire de Botanique*, les mots CLASSE, FORÊT, etc. *Voyez* dans l'*Hist. natur. des végétaux*, qui fait partie de l'édition de Buffon, par Deterville, l'Introduction, p. 303 et suiv.

(2) On commence à reconnaître que les animaux forment la matière calcaire, et on cite Buffon pour premier auteur de cette belle connaissance, parce qu'il a dit que la matière calcaire venait des coquilles. Il y a bien loin de cette idée à la théorie que j'ai publiée à cet égard, d'autant plus que la craie qui a été formée par la voie des coquilles, ne constitue qu'une très-petite portion de

turel des passions inhérentes à l'espèce humaine), j'ai la satisfaction d'apercevoir qu'insensiblement la vérité perce, entraîne, et qu'on finira, comme je l'ai dit, par être forcé de reconnaître toutes celles que j'ai annoncées, et dont je viens de consigner les principales dans cet écrit.

Afin de juger, et avec toute la rigueur convenable, et à la fois avec justice, les considérations présentées dans le quatrième chapitre, je recommande à ceux de mes lecteurs qui sont capables de s'affranchir des préventions reçues, d'étudier à fond, dans les trois premiers Mémoires de mon ouvrage intitulé *Mémoires de Physique et d'Histoire naturelle*, la théorie des *molécules intégrantes* des composés, que je nommais alors *molécules essentielles*.

---

celle qui existe et qui se renouvelle continuellement dans la Nature. On oublie d'ailleurs que ce n'est pas à celui qui énonce une vérité qu'il entrevoie, qu'on doit en rapporter la connaissance, mais à celui qui la démontre ou la met en évidence.

On ne sera sûrement pas long-tems à se rendre à la même évidence, qui atteste que toutes les matières argileuses proviennent originairement des végétaux, et qu'ensuite diversement modifiées par des acides, elles prennent plus ou moins de liant, d'âpreté, etc. etc.

Cette théorie, qui m'appartient entièrement, fait connaître pourquoi chaque sorte de *molécule intégrante*, susceptible de former une masse solide par son agrégation avec d'autres semblables, a constamment une *forme invariable* tant qu'elle conserve sa nature.

Sans cette connaissance on ne peut être véritablement minéralogiste : elle est d'ailleurs nécessaire pour l'intelligence complète de la belle théorie de la cristallisation découverte par le citoyen *Haüy*.

Nota. Les bases de cet écrit ont été d'abord rédigées sous la forme d'un Mémoire qui fut lu à l'Institut national le 21 pluviôse an 7, et qui était intitulé :

Sur les fossiles et l'influence du mouvement des eaux, considérés comme indices du déplacement continuel du bassin des mers, et de son transport sur différens points de la surface du globe.

Ce qui fait le sujet du quatrième chapitre n'y était pas compris, parce que j'en avais déjà publié l'essentiel dans mes *Mémoires de Physique et d'Histoire naturelle*.

ADDITION.

Que de citations j'eusse pu faire, et quelle étendue j'eusse pu donner au développement des considérations qui font le sujet de ce petit ouvrage, si j'eusse voulu prendre la peine de détailler mes propres observations, et de rechercher, dans tous les ouvrages publiés sur cette matière, la citation des faits recueillis, qui ont aussi contribué à fixer mes idées sur ces objets; enfin, si j'eusse voulu y sacrifier le tems que ces recherches exigeaient! Mais cela ne m'a point paru nécessaire, parce que ceux de mes lecteurs qui sont susceptibles de prendre intérêt à ces grandes considérations, connaissent sans doute aussi très-bien tout ce qui a été observé à cet égard, et cela suffit.

J'ajouterai seulement ici quelques observations particulières et quelques citations importantes, auxquelles je crois convenable de donner attention pour juger les propositions que j'ai établies.

Quant à l'élévation graduelle de parties découvertes du globe, c'est-à-dire, de celles qui ne sont point enfoncées sous les eaux, élévation dont j'ai parlé (p. 17 et 18), et dont j'ai assigné la cause, elle est attestée par un grand nombre d'observations diverses bien connues ; et quoiqu'elle soit variable comme l'intensité de la cause qui y donne lieu, on peut, sans grande erreur, évaluer son terme moyen à 324 millimètres (1 pied) par siècle.

En effet, malgré les dégradations causées par les mouvemens des eaux douces, qui détachent, excavent et entraînent vers les lieux bas et à la fin dans la mer, tout ce que ces eaux peuvent rouler ou charier ; néanmoins, non-seulement le sol des plaines ne cesse point de s'exhausser tant qu'il est couvert de corps vivans, mais celui même des vallées s'élève aussi continuellement, parce qu'outre les matières qui peuvent y être entraînées par les eaux, le sol des vallées est ordinairement plus abondamment recouvert de corps vivans que celui des plaines. On a vu le sol d'une vallée s'élever d'un pied dans l'espace de onze ans.

Le lit même des rivières et des fleuves n'est point à l'abri de l'exhaussement graduel dont il est question, tant que le cours des eaux n'a point atteint un certain terme de rapidité, parce que la quantité des matières qu'il reçoit des pays élevés, l'emporte alors sur celle des dépôts que les eaux transportent à la mer : cela change insensiblement à mesure que le sol de certaines parties des continens devient beaucoup élevé au dessus du niveau des eaux marines.

Les physiciens géologistes ont trop négligé de considérer la multitude d'observations qu'on fait de toutes parts presque journellement, et qui attestent l'élévation graduelle du sol qui n'est plus recouvert par les eaux.

Au moment où j'écris cette addition, voici ce que je trouve dans le *Moniteur*, feuille de ce jour, n°. 92, le 2 nivôse an 10.

« Des antiquités précieuses viennent d'être trouvées à *Newied*. Près de cette ville on a découvert, sous une terre cultivée, les ruines d'une ville romaine avec un fort : ce dernier, d'une figure rectangulaire, a 631 pieds de largeur et 840 pieds de longueur, entouré d'un mur de 5 pieds d'épaisseur, avec des tours de défense. On a aussi trouvé plusieurs maisons, un palais, un petit temple, etc. Les monnaies, bustes, etc. trouvés dans la fouille, ont été formés en cabinet par la princesse de *Newied*.

» Tout près du Rhin on a découvert les restes d'une route romaine ; ce qui prouve qu'alors le Rhin n'était pas aussi large qu'à présent. A une lieue de Newied, on voit les restes d'un pont, et tous les environs sont couverts de murs, tout *sous terre*. »

Que de faits semblables sont consignés,

mais épars, dans différens ouvrages, et qui s'y trouvent comme perdus par défaut d'application ! Que d'objets encore très-reconnaissables ont été trouvés dans des fouilles à des profondeurs même considérables, et qui constatent l'élévation continuelle du sol dans ces différens lieux !

On ignore jusqu'où l'élévation d'un sol non dégradé par les eaux peut atteindre, dans l'intervalle du tems où la mer le laisse à nu, jusqu'à celui de son retour et de son envahissement, parce qu'on ignore la quantité de tems qu'il faut à la mer pour compléter une révolution autour du globe.

Je n'ai pas eu le tems de m'occuper sérieusement de cette recherche ; mais je sens, d'après un simple aperçu, qu'en prenant pour base l'observation qui nous apprend que la mer, dans les contrées boréales du globe, baisse de quatre pieds par siècle, et en supposant les rivages de la mer en plans inclinés, on peut déterminer à peu près le tems que les eaux marines, dans leur retraite, emploient à s'éloigner d'une quantité déterminée, et l'époque presque infiniment reculée où elles reviendront submerger ce lieu.

Il faut remarquer qu'il n'est pas nécessaire que les 18 millions de toises qui mesurent toute

la

la circonférence du globe, soient parcourues par les mers, pendant le cours de leurs déplacemens, pour qu'elles reviennent envahir le point qu'elles avaient laissé à nu, parce que l'espace que les mers occupent à la surface du globe, est beaucoup plus grand que celui qui y est occupé par les terres découvertes, et qu'à mesure que la mer abandonne un lieu, son autre bord a beaucoup moins d'espace à parcourir pour venir de nouveau le submerger.

Néanmoins ce qui reste à parcourir à l'autre bord de la mer, pour atteindre et envahir de nouveau le pays que les eaux marines avaient laissé à nu, est encore extrêmement considérable. Il est en effet question encore de quelques millions de toises que la mer est obligée de parcourir dans ses déplacemens, pour opérer le nouvel envahissement dont il s'agit.

Que l'on juge donc de l'énorme longueur de tems et des milliers de siècles qu'il faut pour qu'un pays laissé à nu par les eaux marines, soit de nouveau submergé ou envahi par elles, si l'on suppose qu'elles ne parcourent dans leur retraite que quelques toises par siècle.

Les points équinoxiaux (et conséquemment les saisons) font une révolution complète dans le zodiaque, dans le cours d'environ vingt-cinq mille ans. Or, il est évident qu'ils peuvent faire un très-grand nombre de ces révolutions, avant qu'un pays laissé à nu par les eaux marines, soit derechef envahi par ces eaux.

Les choses étant ainsi, toute terre bien couverte de corps vivans, s'exhaussant d'un pied par siècle, aura donc le tems d'élever son sol à une énorme hauteur, avant que les eaux marines viennent le détruire et le submerger.

Cependant, outre cette cause qui, comme je l'ai dit, a pu fournir aux influences des mouvemens des eaux douces, les masses propres à y tailler des montagnes, il en existe une autre à laquelle je crois pouvoir attribuer un plus grand effet dans ce genre, qui me paraît avoir donné lieu aux plus hautes montagnes non volcaniques que nous connaissons, et sur laquelle j'appelle fortement l'attention des philosophes qui cherchent à connaître la marche de la Nature ainsi que les grands moyens qu'elle a à sa disposition. La voici :

Par suite de plusieurs genres d'observations, j'ai parlé (p. 52 et 53) du déplacement des *points polaires*, et j'ai cité le rapprochement réel de celui qu'on nomme *boréal*, de l'Europe que nous habitons.

La plus grande vraisemblance m'indique qu'une révolution complète des *points polaires* doit suivre entiérement la révolution du déplacement du bassin des mers, et conséquemment s'exécuter avec une lenteur tout aussi considérable, c'est-à-dire, exiger des millions de siècles pour s'opérer.

Dans cet état de choses, je pense que le déplacement des *aplatissemens polaires* et des *élévations équatoriales*, non-seulement suivra le déplacement des deux points de rotation du globe, mais que le changement qu'il entraînera dans la forme externe de ce globe, pourra véritablement s'effectuer sans qu'il soit nécessaire que les matières qui forment la masse générale du globe, soient liquides.

On a jugé cette condition (la liquidité) nécessaire, parce que l'on a supposé que la forme *sphéroïde* du globe terrestre avait été acquise dans un espace de tems fort court. Mais comme il y a lieu de croire que cette forme n'a eu lieu qu'à l'aide d'un tems dont la longueur est presqu'incalculable, les déplacemens des parties protubérantes et des côtés déprimés peuvent aussi, à l'aide de beaucoup de tems, s'opérer avec ceux de la direction de la cause qui occasionne ces dépressions et ces protubérances.

Cela est d'autant plus possible, qu'il est évident pour moi que le *globe terrestre* n'est point du tout un corps entiérement et vraiment solide, mais que c'est une réunion de corps plus ou moins solides, déplaçables dans leur masse ou dans leurs parties, et parmi lesquels il s'en trouve un grand nombre qui subissent des changemens continuels dans leur état.

Voyons maintenant s'il n'existe point de monumens qui constatent le déplacement des *points polaires* et la direction de ce déplacement.

S'il est vrai que la direction des déplacemens du *point polaire boréal* le rapproche insensiblement de l'Europe, il en doit résulter que la zône torride s'en éloigne proportionnellement et progressivement, que de nouvelles *élévations équatoriales* se forment petit à petit dans les nouvelles zônes torrides, et que les anciennes, qui vont en se détruisant insensiblement, doivent montrer leurs restes plutôt dans l'hémisphère boréal, que dans l'hémisphère opposé.

Or, il suffit d'examiner l'état actuel de notre globe, pour se convaincre que les plus hautes montagnes, qui ne sont point sous l'équateur, sont toutes ou presque toutes placées dans l'hémisphère boréal, et pour reconnaître que ces hautes montagnes sont des *restes d'anciennes élévations équatoriales* que les eaux douces, depuis une multitude énorme de siècles, sont en train de tailler et d'abaisser progressivement.

En Afrique, les *montagnes de la Lune* et le *Mont-Atlas;* en Asie, le *Mont-Taurus*, le *Mont-Caucase*, les *montagnes du Japon;* enfin en Europe, les *Alpes*, les *Pyrénées*, etc. sont des monumens qui attestent les restes d'anciennes élévations équatoriales; mais à mesure qu'on s'approche du *pôle boréal*, ces restes disparaissent insensiblement, et tous les corps éprouvent l'influence de la cause qui produit l'aplatissement polaire.

Dans l'autre hémisphère, et surtout hors de la zône torride, les montagnes y sont en général d'un ordre très-inférieur; elles me paraissent être, ou produites par des volcans, ou les restes d'anciennes élévations du sol par cumulations successives des *détritus* des corps vivans, dégradées et taillées par les eaux douces.

A cette explication des faits que je viens d'indiquer, et dont on ne tirait aucun parti pour le perfectionnement de la théorie de la terre, j'ajoute la remarque suivante, qui sert à lier toutes les parties de la théorie et à en établir le fondement.

Dans la zône torride, qui comprend la principale protubérance équatoriale, cette protubérance est véritablement générale, et elle existe pour les eaux marines comme pour les terres découvertes, quoique celles-ci prédominent. Or, c'est sans doute dans les mers de cette zône protubérante, que celles des chaînes granitiques qui se trouvent dans nos plus hautes montagnes, se seront formées : de grands fleuves placés dans cette zône ont suffi pour y donner lieu.

Après la retraite des eaux marines, ces chaînes granitiques se seront trouvées encaissées dans le limon, et peu à peu ensevelies totalement dans la masse du sol qui se sera élevé autour et au dessus d'elles.

Par la suite des tems le déplacement des points où la cause de la protubérance équatoriale agit principalement, en aura formé une nouvelle, et aura cessé de maintenir l'ancienne; en sorte qu'alors toutes les causes physiques de dégradation et de destruction auront insensiblement entamé et abaissé cette ancienne élévation équatoriale. Mais les roches quartzeuses et les roches granitiques encaissées, résistant plus que les autres parties du sol, auront formé, par la suite, les saillies qui constituent maintenant ce que les géologistes nomment des *montagnes primitives*. Ces saillies néanmoins ne sont que les restes d'anciennes élévations équatoriales, ou de roches encaissées dans ces élévations.

Parmi les observations qui constatent que la mer, déplaçant continuellement son bassin, a séjourné sur tous les points de la surface du globe, je citerai celles que le citoyen Poiret a exposées dans deux Mémoires sur la tourbe pyriteuse du département de l'Aisne, qui se trouve maintenant enfoncée d'environ 12 pieds (4 mètres) sous des couches de terre végétale, de marne et d'argile.

Ces observations attestent que la tourbe pyriteuse dont il s'agit, et dans laquelle on rencontre une couche de coquilles fluviatiles encore très-reconnaissables, est recouverte par des couches remplies de coquilles marines très-abondantes et diverses.

Cette tourbe, qui s'est formée dans ce lieu alors marécageux et plus bas qu'il ne l'est maintenant, est donc antérieure au passage de la mer dans cette contrée.

En vain a-t-on voulu infirmer cette conséquence : comme ce fait coïncide avec une infinité d'autres qui pareillement l'entraînent, il n'est plus possible de la repousser avec fondement.

Si la France, surtout la France occidentale et boréale, n'a pas son sol fort élevé au dessus du niveau de la mer, c'est parce que ce sol n'est pas encore très-ancien, et qu'il est du nombre de ceux que la mer a laissés à découvert depuis quelques milliers d'années : aussi ces régions de la France abondent-elles en coquilles marines fossiles.

Qui osera nier qu'avant que la mer n'ait recouvert ces contrées, il n'y ait eu dans ces mêmes pays, des animaux, des végétaux ; en un mot, un ordre de choses semblable à celui que nous voyons maintenant, si l'on fait attention à l'observation suivante.

« Auprès de Bruges, en Flandre, en fouillant à 40 ou 50 pieds de profondeur, on trouve une très-grande quantité d'arbres aussi près les uns des autres que dans une forêt; les troncs, les rameaux et les feuilles sont si bien conservés, qu'on distingue aisément les différentes espèces d'arbres. Il y a cinq cents ans que cette terre, où l'on trouve des arbres, était une mer, et avant ce tems-là on n'a point de mémoire ni de tradition que jamais cette terre eût existé; cependant il est nécessaire que cela ait été ainsi dans le tems que ces arbres ont crû et végété : ainsi le terrain qui, dans les tems les plus reculés, était une terre ferme couverte de bois, a été ensuite couvert par les eaux de la mer, qui y ont amené 40 ou 50 pieds d'épaisseur de terre, et ensuite ces eaux se sont retirées. » *Buff. Hist. nat.* tome I, p. 576.

Partout les amas de bois fossiles qu'on trouve ensevelis dans la terre, les couches énormes et souterraines de charbon de terre qu'on rencontre en différens pays, sont des témoignages d'anciens envahissemens du lieu par la mer, qui alors a trouvé le pays couvert de forêts; elle les a culbutées, enterrées dans des dépôts de limon, et par la suite des tems elle s'est retirée.

Je n'ajouterai rien sur cet objet, renvoyant le lecteur à une multitude d'ouvrages dans lesquels on a consigné quantité de faits analogues à ceux que je viens de citer, et qui tous confirment le déplacement du bassin des mers.

Pour compléter ce que j'ai dit dans le chapitre IV, p. 101 et suiv. des décompositions spontanées auxquelles on donne le nom de *fermentations*, et dont j'ai ailleurs expliqué suffisamment les causes, j'ajouterai ce qui suit :

Les chimistes, qui n'ont su s'affranchir des préjugés anciens sur les *fermentations*, se donnent maintenant beaucoup de peine pour découvrir quelles sont, dans les matières animales et végétales, celles qui servent de *ferment* pour faire fermenter les autres.

Pour y parvenir, il est, avant tout, nécessaire de rechercher ce que peut être un *ferment*, et surtout quel est son mode d'agir.

Cette recherche mènerait infailliblement à reconnaître qu'un *ferment* n'est autre chose qu'une matière dont les principes sont si imparfaitement combinés entr'eux, que la portion de *feu fixé* que contient cette matière, est sur le point d'opérer son dégagement plus ou moins complet; ce qui lui donne des *qualités salines*, et le rend alors un puissant altérant, c'est-à-dire, un provocateur puissant de la décomposition de beaucoup d'autres matières lorsqu'elles sont en contact avec lui.

Voilà pourquoi toute matière animale ou végétale qui a commencé à fermenter, devient elle-même un *ferment* pour les autres.

Suivez cette considération, et vous verrez se dérouler le fil qui lie tous les faits recueillis dans vos expériences.

Mais si la considération de l'idole qu'il faudrait renverser, vous retient et vous empêche d'ouvrir les yeux, dans ce cas je dirai : *Que ceux qui préfèrent être abusés, le soient tout à leur aise.*

FIN.

APPENDICE.

AVERTISSEMENT SUR SON OBJET.

COMME aucun des mes Mémoires ne se trouve imprimé où il doit être, et que presque tous sont dispersés ou isolés, j'ai pensé que, pour l'avancement et conséquemment pour l'intérêt des sciences physiques et naturelles auxquelles je consacre tous mes loisirs, il était convenable de réimprimer ici deux de mes Mémoires pour en répandre davantage la connaissance.

Cette convenance me paraît d'autant plus fondée, que le sujet de ces Mémoires a des relations avec les objets considérés dans mon *Hydrogéologie*, c'est-à-dire, dans la partie de la Physique terrestre, qui concerne tout ce qui se passe et tout ce qu'on observe à la surface et dans la croûte externe du globe.

Je réserve ceux de mes Mémoires qui concernent l'atmosphère, ainsi que les principales observations insérées dans mes *Annuaires météorologiques*, pour l'ouvrage dont je m'occupe depuis long-tems sur la *Météorologie*, première partie de la Physique terrestre.

Enfin, les observations que j'ai faites sur les

corps vivans, et dont j'ai exposé les principaux résultats dans le discours d'ouverture de mon cours de l'an 9 au Muséum, feront le sujet de ma *Biologie*, troisième et dernière partie de la Physique terrestre.

On y trouvera, parmi d'autres considérations importantes, un grand nombre d'observations qui attestent que l'organisation des corps vivans, c'est-à-dire, que la conformation interne de ces corps et de leurs parties est uniquement le résultat des mouvemens des fluides qu'ils contiennent, et des circonstances qui ont concouru à l'extension et à la diversité de ces mouvemens ;

Que l'état de cette organisation dans chaque corps vivant a été obtenu petit à petit par le progrès de l'influence des mouvemens de ses fluides ;

Que les formes acquises furent conservées et transmises successivement par la génération, jusqu'à ce que de nouvelles modifications eussent été de nouveau acquises par la même voie et par de nouvelles circonstances ;

Enfin, que, du concours non interrompu de ces causes ou de ces lois de la Nature et d'une série incalculable de siècles qui ont fourni les circonstances, les *corps vivans* de tous les ordres ont été successivement formés.

MÉMOIRE

Sur la matière du feu, considérée comme instrument chimique dans les analyses.

Dans le second de mes *Mémoires de Physique et d'Histoire naturelle* (p. 31), j'ai distingué les opérations des chimistes en deux sortes; savoir : en opérations préparatoires des actes chimiques, lesquelles sont simplement mécaniques, et en opérations chimiques elles-mêmes, qui ne le sont pas uniquement.

Il me reste maintenant à examiner l'action des instrumens qu'emploient les chimistes dans leurs opérations, afin que, cette action étant bien connue, les résultats des opérations chimiques puissent être appréciés et déterminés sans erreur.

Le principal des instrumens chimiques qu'emploient les chimistes pour faire leurs analyses, c'est assurément la *matière du feu* qu'ils font agir dans l'état de calorique et dans celui d'imparfaite combinaison, c'est-à-dire, par la voie sèche et par la voie humide. Ce sera en conséquence cette matière que j'examinerai dans ce Mémoire, en me bornant à la considérer comme instrument chimique.

Pour arriver au but que je me propose, il est nécessaire de résoudre la question que je vais présenter : sa solution est de la plus grande importance.

Est-il bien vrai que la matière du feu agisse toujours dans les opérations chimiques où on l'emploie, qu'elle agisse, dis-je, en instrument simplement mécanique, ne s'unissant jamais aux matières qu'elle divise et sépare ? Ou bien agit-elle à la fois, et comme instrument mécanique, en divisant et séparant les parties des corps, et comme instrument chimique, en s'unissant elle-même aux matières qu'elle dénature, et dont elle devient un des principes constituans de leur nouvel état ?

L'observation des faits les plus connus et les mieux constatés prouve que le second cas de la question est le seul conforme à la vérité, et que le premier ne l'est nullement. J'espère en convaincre bientôt ceux qui donneront quelque attention à ce Mémoire.

Si le feu calorique était un instrument simplement mécanique, avec lequel il fût possible de diviser les corps, de détruire totalement l'état de combinaison de leurs principes, et de les en séparer chacun isolement, de manière à pouvoir les recueillir à part pour en faire l'examen, alors les chimistes auraient raison de dire que les produits de leurs analyses sont des matières qui existaient toutes formées dans les substances qu'ils ont analysées.

Mais nous verrons qu'il n'en est pas ainsi, et qu'à mesure que la matière du feu s'introduit dans une substance, si elle en écarte d'abord les parties ou les molécules essentielles par l'effet de son mouvement *expansif* et *répulsif*, si ensuite elle en sépare ou fait exhaler certains principes, il n'en est pas moins très-vrai qu'elle se fixe elle-même plus ou moins abondamment dans les résidus de cette substance, et qu'elle forme surtout avec leurs principes les plus fixes, une combinaison plus ou moins intime, qui constitue un ou plusieurs corps particuliers et nouveaux. Dans ce cas, on sent assez que ces corps n'ont rien de commun avec la substance sur laquelle on a opéré, et qu'ils ne pouvaient être contenus dans cette substance (1).

Il importe maintenant que je fasse remarquer qu'on emploie l'action du feu par la voie humide comme par la voie sèche, avec

(1) *Voyez* mes *Mémoires de Physique et d'Histoire naturelle*, §. 461 à 466.

des résultats à très-peu près semblables. En effet, dans l'un et dans l'autre cas, c'est toujours la même matière qui agit. Or, lorsqu'elle agit assez fortement pour dénaturer les corps, elle ne le fait jamais en simple instrument mécanique ; c'est toujours alors en se fixant plus ou moins abondamment dans les substances qu'elle pénètre et qu'elle dénature, que son action est exercée. Elle forme donc avec les principes qui la fixent, des corps nouveaux, des combinaisons véritablement particulières ; en sorte que les produits des opérations faites par son moyen, soit par la voie sèche, soit par la voie humide, ne sont jamais des matières auparavant existantes dans les substances qui ont subi ces opérations.

Examinons donc quels sont les résultats de l'action du feu sur les corps qu'il dénature dans chacune des deux voies où l'on peut l'employer.

PREMIERE PARTIE.

De l'action du feu, employé comme instrument chimique par la voie sèche.

J'appelle *action du feu par la voie sèche*, celle qu'exerce le *feu calorique* à nu dans l'air ambiant,

ambiant, sur les corps soumis à son influence.

J'ai prouvé dans mes différens ouvrages de physique, que ce calorique à nu était auparavant du feu fixé et combiné dans certains corps, d'où il a été dégagé et réduit en calorique par la combustion (1).

Lorsque le feu calorique à nu agit sur un corps, d'abord il pénètre dans sa masse, et s'introduit entre les molécules intégrantes qui la constituent. Bientôt après, par les suites de son état expansif, ce feu, qui est répulsif dans tous les sens, écarte les molécules de ce corps, dilate sa masse ou la fait entrer en fusion, ou même en volatilise les parties, si ce corps est susceptible d'éprouver l'une ou l'autre de ces modifications; et tant que le feu calorique qui agit, n'a pas altéré la nature du corps soumis à son action, il paraît qu'il n'agit alors qu'en simple instrument mécanique.

Mais il n'en est pas de même lorsque le

(1) La matière du feu étant libre et refoulée sur elle-même par le frottement des corps solides entr'eux, ou par l'impulsion de la lumière, est aussi très-souvent réduite directement en *calorique;* mais comme le calorique provenu par cette voie n'est pas employé communément par les chimistes, il n'en sera pas ici question. (*Voyez* mes *Recherches*, nos. 332 à 338, et mes *Mémoires de Physique*, §. 217.)

calorique a dénaturé la substance soumise à son action, c'est-à-dire, lorsqu'il a détruit l'état de combinaison de ses principes; et je vais essayer de faire voir qu'alors une partie du calorique qui agit, se fixe et se combine avec les résidus de la substance qu'il a dénaturée, et qu'il forme avec ces résidus des matières absolument nouvelles.

Si l'on examine attentivement ce qui arrive à tous les corps que l'on fait griller, rôtir, calciner, on aura occasion de se convaincre que la fixation du feu dans ces corps, n'est pas une de ces idées vagues que l'imagination seule a pu créer, et qu'aucun fait bien considéré n'appuie.

Sans doute une partie des faits que je vais citer ne paraîtra pas d'abord autoriser la conséquence que j'en tirerai; mais si ensuite j'obtiens sans contradiction la même conséquence de quelques autres faits connus bien concluans, les premiers y participeront nécessairement dès que leur analogie avec les seconds aura été montrée jusqu'à l'évidence. Commençons par exposer les faits qui paraissent les moins concluans.

La fixation du feu dans un grand nombre de corps que tous les jours, pour nos usages, nous faisons griller ou rôtir, est indiquée dans certains cas par un caractère commun de couleur et de saveur qu'acquièrent tous ces corps à mesure que le feu, après en avoir fait exhaler la plus grande partie de l'humidité et de l'air qu'ils contiennent, se fixe dans leurs substances. Si, par exemple, c'est à la fixation du feu dans les grains de café bien grillés, qu'il faut attribuer la couleur et la saveur particulières qu'acquièrent ces grains lorsqu'on les torréfie, ce dont je suis très-persuadé, on ne doit plus être étonné de voir que tant de graines différentes, telles que des petites féves, des haricots rouges, des graines de houx, des grains d'orge ou de seigle, etc. étant bien grillés, sont tous les jours employés par le peuple en guise de café. Ces graines, quoique très-diversifiées par leur forme et leurs qualités propres, acquièrent toutes cependant, par la torréfaction, c'est-à-dire, par la fixation d'une certaine quantité de feu qui se combine dans leur substance, des qualités communes, et qui sont analogues à celles qu'a reçues le café dans la même circonstance.

Les viandes et le pain rôtis, enfin le sucre brûlé, connu sous le nom de *karamel,* n'acquièrent cette saveur particulière qui plaît à tout le monde, que parce que le calorique, après en avoir fait dissiper une portion de l'eau et de l'air que ces matières contenaient, s'est en partie fixé lui-même dans ces substances. Aussi lorsqu'en continuant d'exposer ces mêmes substances à l'influence du feu, on les réduit à l'état de charbon, on ne fait autre chose, après toutes les dissipations que le calorique produit d'abord, que d'y fixer complétement le feu lui-même jusqu'à *saturation*, et de l'y fixer dans l'état carbonique. Alors les qualités savoureuses et les demi-teintes de coloration sont anéanties, et le nouveau composé n'est plus en général qu'une base terreuse combinée avec beaucoup de carbone.

L'empyreume, cette odeur et cette saveur qu'ont acquises les diverses matières huileuses en partie brûlées, n'est lui-même que le résultat de la fixation d'une portion du calorique qui a agi sur ces matières lorsqu'elles ont été fortement exposées à son action, et qui s'y est incomplétement combinée.

Un savant distingué et très-connu (1) m'a dit avoir prouvé depuis long-tems, que l'*alkool* n'est pas un produit de la fermentation, qu'il n'existe nullement dans le vin, mais que c'est réellement un produit de la distillation;

---

(1) Fabroni, directeur du cabinet de Florence.

et moi, j'ajoute que la distillation n'a pu produire l'alkool que parce qu'une portion du calorique s'est fixée dans la partie la plus ténue du vin, s'est combinée légérement avec le principe acide de cette liqueur, et lui a communiqué l'inflammabilité, la volatilité et les autres qualités qui caractérisent cet esprit ardent, à la fois huileux et salin.

Les cendres de nos foyers, séjournant longtems après leur formation, dans le foyer même qui les contient, se surchargent de feu qui se fixe dans leur substance, et qui s'y combine dans l'état salin. Elles sont alors fort différentes par leur pesanteur spécifique, par leur couleur et par leur alkalinité, de ces cendres blanches, légères et à peine salines qu'on observe dans cet état lorsqu'elles sont récemment formées. Ces cendres grises, pesantes et alkalines qu'on appelle vulgairement *cendres recuites*, ont alors, dans leurs molécules intégrantes, une épaisseur telle qu'elles acquièrent une véritable incandescence, et une fluidité remarquable toutes les fois qu'elles sont fortement pénétrées par le calorique.

Mais la fixation du feu dans des matières solides fortement exposées à son action, n'est nulle part plus évidente que dans les résidus de la pierre calcaire calcinée, c'est-à-dire, que dans la chaux vive.

Quand on expose de la pierre calcaire à une forte et longue action du feu calorique, ce feu subtil, pénétrant et expansif, s'introduit bientôt, non-seulement dans toute la masse de la pierre entre les molécules calcaires agrégées, mais encore entre les principes constituans de ces molécules calcaires. Le feu calorique, en pénétrant ainsi la matière dont il est question, altère nécessairement l'état de combinaison de ses principes, en fait exhaler tout l'air et une très-grande partie de l'eau qui y étaient combinés, et qui, par leur combinaison avec les résidus fixes, faisaient l'essence de cette matière calcaire. Enfin, après avoir opéré ces dissipations de principes, le feu calorique se fixe lui-même en très-grande quantité dans les résidus de cette calcination.

Ces résidus, qui sont alors des masses plus compactes, presque sonores, et d'un moindre volume que n'étaient les masses calcaires avant leur calcination, sont connus sous le nom de *chaux vive*. Ils contiennent une si grande abondance de feu qui s'y est fixé et combiné dans l'état salin, qu'à la provocation qu'opère le contact d'un peu d'eau qu'on lui présente, on voit aussitôt ce feu se dégager, et former à l'instant du calorique qui se manifeste même avec flamme, et qui incendie les corps voisins.

Sans m'arrêter à rappeler ici ce que j'ai suffisamment prouvé ailleurs (1); savoir, que la chaux n'était nullement existante dans la pierre calcaire, quoique ce soit avec une partie des principes de la matière calcaire que la chaux a été formée par la calcination, je dirai que dans cette opération, qui n'est qu'une torréfaction long-tems soutenue, il est évident que le feu calorique s'est fixé lui-même dans les résidus de la matière qu'il a dénaturée; je dirai en outre qu'il s'y est fixé jusqu'à *saturation*, quoiqu'en n'y contractant qu'une union incomplète : d'où il résulte que le nouveau composé nommé *chaux vive* est alors stationnaire; en sorte qu'une plus longue exposition au feu calorique ne le change plus, ou au moins n'y en fixe pas davantage. D'après cette considération, on ne doit plus douter que le feu ne s'amasse, et ensuite ne se fixe dans les matières qui sont fortement exposées à son action, et qui n'en sont point saturées.

---

(1) *Voyez* mes *Mémoires de Physique et d'Histoire naturelle*, p. 16 à 25.

De même que de l'eau liquide, soumise à l'action du feu calorique, à l'air libre, n'en peut réunir et conserver dans sa masse qu'une quantité véritablement limitée, quantité qui la met en ébullition, de même aussi il y a un terme positif dans la quantité de feu qui peut se cumuler et se fixer dans un corps quelconque.

Ainsi, dans la calcination de la matière calcaire, les résidus fixes de cette calcination, c'est-à-dire, les masses de *chaux vive* qui forment ces résidus, sont chargés d'une quantité abondante de feu qui s'y est fixé, et qui s'y trouve au terme de la plus grande cumulation que la nature de ces résidus puisse admettre.

Les chimistes d'abord ayant pensé que le feu calorique divisait tout ce qui est séparable, et que, sans se fixer lui-même dans aucune des matières sur lesquelles il agit, il séparait jusqu'au dernier terme les principes de toute espèce de composé soumis à son action ; ensuite ayant fait atteindre, aux résidus de la craie calcinée par le degré de feu qu'on emploie ordinairement pour cette calcination, le terme où ces résidus ne peuvent plus fixer davantage de feu dans leur substance, ils en ont conclu que ces mêmes résidus, c'est-à-dire, que la *chaux vive* était une matière simple, qu'elle était constamment existante dans la Nature, et qu'elle faisait la base de la craie.

L'erreur dans laquelle on s'est laissé entraîner à cet égard, vient de ce qu'on n'a pas fait attention que le feu calorique se fixait lui-même dans les corps dénaturés par son action; et que lorsqu'un corps en contient par cette voie toute la quantité dont il peut être chargé, il n'en peut acquérir davantage. En exposant ce corps à une plus longue et surtout à une plus forte action du feu calorique, il paraît que non-seulement il ne s'y fixe plus de feu, mais même qu'à la fin il perd une grande partie de celui qui s'y était fixé, et qu'alors il reçoit une altération d'un autre ordre. (*Voyez les Opuscules chimiques de Baumé*, p. 41, n°. 14.)

Soumettez un morceau de bois dans un vaisseau de fer bien fermé, mais pouvant donner issue, par un tube, aux matières susceptibles d'être dissipées; exposez ce vaisseau à un calorique très-dense pendant un tems suffisant, le feu alors s'amassant dans le morceau de bois, en dissipera les matières volatiles, s'y fixera et le transformera entiérement en *charbon*.

Or, ne vous y trompez pas, le *charbon* est au morceau de bois, ce que la *chaux vive* est à la pierre calcaire; dans l'un et l'autre vous avez fixé le feu jusqu'à saturation, mais dans le charbon le feu s'y trouve complétement combiné : aussi le charbon n'a rien de salin, au lieu que dans la chaux vive le feu y est très-incomplétement fixé. Avant votre opération, il n'y avait pas plus de charbon dans le morceau de bois, qu'il n'y avait de chaux vive dans la craie.

Que l'on réfléchisse bien sur l'importance de cette considération, et l'on sentira sans doute toute l'influence qu'elle doit avoir dans les conséquences qu'on peut tirer des résultats d'un grand nombre d'opérations chimiques.

Passons à une autre considération qui pourra nous fournir une nouvelle preuve de la fixation du feu dans les corps fortement exposés à son action.

En parlant de la *métallisation* dans mes *Mémoires de Physique et d'Histoire naturelle* (p. 353), j'ai dit :

« Unir à certains composés terreux appro-
» priés, une quantité de *feu carbonique* assez
» abondante pour constituer l'état métallique,
» est une opération que la Nature sait faire,

» que l'art a imitée sans le savoir, et qu'il est » parvenu à exécuter. »

En effet, l'art, au moyen du feu calorique intense de nos fourneaux de forges, parvient à combiner avec des matières fixes composées terreuses, ou avec les résidus fixes de divers composés, une telle abondance de feu qui s'y fixe dans l'état carbonique, qu'il métallise réellement ces matières. Ceux cependant qui font ces opérations, croient ne faire autre chose qu'extraire des matières sur lesquelles ils opèrent, des métaux qui y existaient déjà. Ils ne font pas attention que, par l'opération qu'ils emploient, ils favorisent la fixation et la cumulation de la matière du feu dans un composé qu'ils ont réduit à l'état propre à se combiner avec cette matière, et qu'enfin ils mettent ce composé dans le cas de contracter une union intime avec beaucoup de feu qui s'y fixe dans l'état carbonique, en sorte que par cette voie ils parviennent à le transformer en un véritable métal.

C'est là véritablement ce qui arrive tous les jours dans certaines opérations des chimistes et dans nos fourneaux de fonte.

Le *fer*, par exemple, est un métal que l'homme forme avec des matières qui n'en contiennent nullement, mais qui sont dans un état propre à pouvoir y être assez facilement transformées. Cette métallisation est si facile, qu'on réussit même à former du fer avec presque toutes les matières composées connues, lorsqu'on en peut obtenir des résidus fixes. Ceux qui forment ainsi du fer, s'imaginent, comme je l'ai déjà dit, ne faire autre chose que de retirer et purifier ce métal qu'ils supposent que la Nature a elle-même formé et caché dans ces différentes matières; et comme il est peu de substance composée avec laquelle ils n'aient pu en former, quoique plus ou moins, ils ont dit que le fer était répandu partout dans la Nature, que c'était lui qui colorait tous les corps, que le sang lui devait sa couleur rouge, etc. : malheureusement pour l'hypothèse, on a fait du fer avec du lait, ce qui a beaucoup diminué la valeur de cette partie de la théorie reçue.

J'ose le dire : le fer obtenu par les opérations connues pour en former, n'était pas plus contenu dans les matières sur lesquelles on a opéré, que la suie et les cendres obtenues après la combustion, n'étaient contenues dans les matières qu'on a brûlées.

J'ai déjà fait voir (*Mém. de Phys.* §. 520) que les pyrites et les minerais n'étaient que des matières qui avoisinaient l'état métallique, et auquel il ne manque, pour y arriver, que les circonstances propres à en faire exhaler certains principes très-peu fixes, et ensuite que l'addition de la quantité de feu fixé carbonique nécessaire à la métallisation.

C'est donc l'opération même de la Nature (§. 523) que l'on imite en grillant d'abord les minerais, ce qui en fait dissiper le soufre ou d'autres matières volatiles que l'état de métal ne peut admettre en combinaison intime ; et ensuite en cumulant sur ces matières et en combinant avec elles, par le moyen d'une longue fusion dans nos fourneaux et de l'addition du charbon qui fournit son feu fixé; en cumulant, dis-je, une quantité considérable de feu qui s'y fixe dans l'état de feu carbonique, on les transforme complétement en métaux.

La fusion ne réduit les chaux ou oxides métalliques que parce qu'elle fournit à ces matières, la circonstance, l'état et le moyen qui peuvent leur faire acquérir assez de feu fixé pour changer leur combinaison et les métalliser. Si, à la plupart des chaux ou minerais métalliques, il faut joindre, en les fondant, certaines matières abondantes en feu fixé, pour aider ou obtenir leur métallisation, il suffit qu'il y ait certaines chaux métalliques (celles, par exemple, de mercure, d'argent, d'or, etc.) qu'on ait pu revivifier ou réduire sans addition, pour qu'il soit évident que c'est uniquement à la fixation du feu dans ces matières qu'on doit leur métallisation.

Ainsi, qui osera maintenant soutenir que le feu ne se fixe point dans les matières qu'il ne réussit point à volatiliser, lorsqu'il verra que, sans aucune matière ajoutée, un oxide de mercure peut être ramené à l'état métallique par une simple exposition à l'influence du feu calorique ?

Si certaines chaux métalliques ne peuvent être rétablies dans l'état de métal par la simple action du feu calorique, mais sont réduites lorsqu'en les soumettant à cette action, on les a mélangées avec des matières abondantes, en *feu fixé carbonique*, comme du charbon, des résines, des huiles, etc. c'est apparemment parce que l'état de ces chaux exige un feu plus dense pour pouvoir être combiné avec leurs parties, et que le feu calorique, tel que nous l'employons ordinairement, n'atteindrait pas lui seul ce degré.

Qu'on réfléchisse bien à ce qui arrive réellement aux matières qu'on ajoute et qu'on mélange avec les chaux métalliques qu'on veut réduire, on sentira qu'il n'y a que le feu fixé de ces matières ajoutées qui vient se combiner dans les chaux métalliques, et que ce ne sont pas les matières elles-mêmes qui se combinent dans les chaux en question. Ainsi du charbon, ou des résines, ou des huiles qu'on mélange avec des matières à métalliser, ne viennent pas, conservant l'intégrité de leur nature, se combiner avec les substances à métalliser. Ces mêmes matières abondantes en *feu fixé carbonique*, se décomposent, pendant leur exposition, à une forte action du calorique; en sorte que leur feu fixé quitte alors la base qui le fixait, se trouve nécessairement libre dans l'instant même du changement qu'il éprouve, et pendant qu'il est encore très-dense il passe et se fixe derechef dans la substance à métalliser, qui se trouve alors dans un état propre à pouvoir se combiner avec lui et en recevoir l'état métallique.

La métallisation des minerais, ce que d'autres appellent leur *réduction*, s'opère exactement par la même voie que la réduction des chaux métalliques. C'est de part et d'autre la transmission dans ces chaux métalliques ou dans ces minerais, d'une quantité de feu carbonique qui se dégage du *flux de réduction*.

c'est-à-dire, des matières ajoutées dans le fourneau de fonte, va se fixer dans le minerai incandescent et en fusion, et à la fin le porte à l'état métallique.

Le perfectionnement graduel de la métallisation se fait sentir d'une manière évidente dans les différentes fontes que l'on fait subir au fer à mesure qu'on le forme; et la cause connue qui le transforme lui-même en acier, qui n'est qu'un fer perfectionné, suffit pour faire sentir le fondement de tout ce que je viens d'exposer.

Les chimistes n'ont pas manqué de s'apercevoir eux-mêmes de la fixation du feu dans les matières dont je parle, lorsqu'on les soumet aux opérations que j'ai indiquées; mais les expressions qu'ils emploient pour rendre ce qu'ils ont observé, changent les idées que l'on doit se former de ce qui a véritablement lieu à cet égard.

Par exemple, ils disent à cette occasion, que le fer a avec le carbone une si grande affinité, qu'il l'enlève aux matières qui peuvent lui en fournir, et que par sa combinaison avec le carbone, le fer se transforme en acier (1).

---

(1) Rapport à l'institut, des expériences de Clouet, sur la conversion du fer en acier, par Guyton, page 5.

Pour

Pour compléter leur idée, il faut qu'ils disent encore que les minerais de fer, par exemple, ont tant d'affinité avec le carbone, que quand on en a fait dissiper par le grillage tout ce qu'ils contiennent de volatil, ils peuvent alors se combiner à l'aide des moyens connus avec une quantité de carbone suffisante pour les transformer en fer : ce sera sans doute une assertion très-fondée. Mais qu'est-ce donc que le *carbone* des chimistes ?

C'est précisément ce que Sthal nommait *phlogistique*, et qu'il a mal défini ; c'est ce que d'autres ont nommé *principe inflammable*, sans s'apercevoir ou reconnaître suffisamment que ce *prétendu principe* n'est qu'un état particulier de la matière du feu ; c'est enfin ce que je nomme *feu fixé*, parce que c'est réellement la matière du feu fixé dans les corps. Mais comme le feu qui est fixé dans les corps, peut s'y trouver sous deux modifications très-différentes par l'effet de son état de combinaison, j'ai appelé *feu fixé carbonique* celui qui est la base de toute combustibilité, et *feu fixé acidifique* celui qui est la cause de toute salinité quelconque (1).

D'après les faits relatifs à la métallisation,

---

(1) *Voyez* mes *Mémoires de Physique*, p. 144 à 171.

à la calcination calcaire et à d'autres que je viens de citer, je crois être fondé à conclure :

Que le *feu calorique* à nu, c'est-à-dire, exerçant son action par la voie sèche, n'agit sur les corps, comme instrument simplement mécanique, que lorsqu'il n'attaque point l'état de combinaison des principes de ces corps, c'est-à-dire, que lorsque, s'introduisant seulement dans les masses résultantes de l'agrégation ou de l'agglutination des molécules essentielles, il modifie simplement ces masses, soit en les dilatant, soit en les liquéfiant, soit en volatilisant leurs parties.

Mais lorsque le feu calorique à nu s'introduit entre les principes constituans d'un composé quelconque, et qu'il en altère l'état de combinaison, séparant et faisant exhaler ceux qui sont volatils, il me paraît évident, d'après les faits ci-dessus cités, qu'alors le feu calorique n'agit plus uniquement comme un instrument simplement mécanique, puisqu'il se fixe lui-même dans les résidus de tout genre du composé qu'il a dénaturé, et qu'il forme avec ces résidus un ou plusieurs composés nouveaux.

Nous allons voir que le même feu calorique, agissant par la voie humide, offre des résultats analogues, c'est-à-dire, à peu près semblables.

SECONDE PARTIE.

De l'action du feu employé comme instrument chimique par la voie humide.

Je vais essayer de faire connaître un instrument employé continuellement par les chimistes, instrument dont ils ne peuvent se passer, sans lequel ils ne peuvent faire aucune analyse, et cependant qu'ils méconnaissent tellement, qu'ils attribuent à d'autres causes les résultats de son action et de ses facultés. Cet instrument est la matière du feu, agissant, non à nu, mais par la voie humide, dans toutes sortes de dissolutions et dans les fermentations intestines.

Dans une science quelconque, lorsqu'une erreur (fût-elle l'unique) s'introduit dans ses principes fondamentaux, l'influence de cette erreur porte nécessairement sur la théorie entière. Toutes les conséquences alors sont défectueuses, je puis même dire fausses, quoique pouvant être établies par des hommes d'un grand mérite et d'un jugement très-solide; en un mot, quoiqu'on ne puisse pas dire d'elles qu'elles sont le fruit d'un faux raisonnement. En effet, quelque juste que soit partout le raisonnement, quelque fondées que soient toutes les conséquences qu'un raisonnement juste force d'établir, ces conséquences seront toutes erronées si la base d'où l'on part repose sur une erreur. Il est donc possible qu'une théorie physique, par exemple, soit erronée dans toutes les conséquences qu'elle force de tirer des faits même que l'on considère, sans qu'aucun des raisonnemens qui établissent ces conséquences, soit véritablement faux.

Dans la théorie chimique maintenant la plus accréditée, quelques-uns des principes fondamentaux de cette théorie sont sans doute dans le cas d'exiger un nouvel examen;

1°. Parce qu'on ne saurait mettre trop d'attention et trop de soins à s'assurer du fondement des principes d'où l'on part pour raisonner, quoique, dans toute théorie, le raisonnement soit réellement appuyé sur la considération d'une quantité de faits quelconques (1);

---

(1) Toujours dire qu'on ne parle que d'après les faits! Qu'est-ce qui ne sait pas qu'en considérant les faits connus, on peut cependant imaginer une théorie très-fausse? Ne sait-on pas que la solidité d'une théorie dépend né-

2°. Parce que, dans les différens ouvrages de physique que j'ai publiés, je crois avoir fait voir que quelques-uns des principes fondamentaux de la théorie chimique maintenant accréditée, étaient non-seulement très-hypothétiques, mais même moins vraisemblables et moins conformes à ce qu'indique la généralité des faits, que ceux que je suis parvenu à découvrir.

Sans vouloir rappeler ici les objections essentielles que j'ai faites contre les principes fondamentaux de la théorie chimique actuellement dominante (1), objections qui subsistent et conservent toute leur force, puisqu'on ne les a pas détruites, je dirai que l'ingénieux roman des attractions de composition, c'est-à-dire, des attractions électives, publié par le célèbre Bergmann, n'eût pas été imaginé par lui si cet habile chimiste se fût douté que les élémens des corps n'ont en eux-mêmes aucune tendance à la combinaison ; en sorte qu'ils ne subissent réellement cet état de gêne

---

cessairement de celles des bases de raisonnement qui la fondent, et qu'entre une hypothèse spécieuse et un principe très-fondé, l'homme, entraîné par des préjugés non détruits, pourra préférer l'hypothèse.

(1) *Voyez* ma *Réfutation de la théorie pneumatique*, page 482.

et de modification de leurs facultés, que lorsqu'une cause étrangère les y contraint.

J'ai fait une démonstration assez rigoureuse de ce principe, pour qu'on ne puisse le réfuter solidement, et j'ai fait voir que si l'attraction universelle, démontrée par Newton, peut être la cause de l'*agrégation* des molécules d'un grand nombre de corps, cette attraction n'est jamais la cause essentielle qui opère les combinaisons.

Mais les physiciens, dominés par l'opinion ancienne que les élémens des corps tendent eux-mêmes à se combiner les uns avec les autres, n'ont pu jusqu'à ce jour entrevoir la cause réelle des combinaisons premières ni des faits organiques les plus essentiels, et par conséquent ils n'ont pu s'apercevoir de celle qui porte les principes des corps à se dégager lorsqu'ils sont enchaînés par la combinaison. Ainsi la cause des fermentations et des dissolutions a dû nécessairement leur échapper. Il a donc fallu imaginer, à la place de cette cause qu'ils n'ont pu connaître, des hypothèses pour rendre raison des faits observés, et l'on sent bien que les plus ingénieuses de ces hypothèses ont dû être accueillies; c'est ce qui est en effet arrivé : voilà l'état des choses.

L'ancienne chimie s'était formée sur les dissolutions une idée entiérement fausse. On croyait que ce qui se passe entre un dissolvant en contact avec un corps qu'il dissout, n'était autre chose que le résultat de la tendance qu'ont les parties intégrantes des deux corps à se combiner ensemble; et l'on pensait que la chaleur qui se manifeste pendant les changemens qu'opère la dissolution, était uniquement due à la réaction des parties.

La chimie moderne et admise n'a redressé aucune de ces erreurs. Les chimistes, qui en sont partisans, toujours dominés par l'ancienne idée d'une prétendue tendance à la combinaison entre les principes constitutifs du dissolvant et ceux du corps à dissoudre, l'ont accommodée à leurs idées particulières; et ils ont même enchéri à cet égard, en ajoutant au préjugé existant celui des *attractions électives*.

Je crois avoir présenté dans mes Mémoires (1) sur les dissolutions en général, et particuliérement sur la tendance qu'ont les principes constitutifs des décomposés à se dégager de l'état de combinaison, des considé-

(1) *Voyez* dans mes *Mémoires de Physique et d'Histoire naturelle*, le quatrième Mémoire, page 88, et le cinquième, page 111.

rations tellement importantes, et si conformes aux faits connus, que si une prévention insurmontable et naturelle n'empêchait les physiciens de donner leur attention à d'autres vues qu'à celles qui sont conformes aux leurs, mes nouvelles considérations auraient obtenu de leur part l'examen le plus sérieux, et peut-être leur assentiment.

Lorsque, dans la recherche des vérités physiques, on s'est une fois écarté de la véritable voie, il est sans doute très-difficile à quiconque aurait le bonheur d'apercevoir le vrai principe, de pouvoir y ramener les autres. Celui qui se croit dans ce cas, doit-il pour cela taire sa découverte? Non, sans doute; mais comme il peut lui-même se tromper malgré sa conviction intime, il doit la présenter sans jamais s'occuper des succès que peuvent avoir ses observations. Tôt ou tard tout est justement apprécié; les mauvaises productions tombent et demeurent dans l'oubli : les bonnes à la fin nécessairement surnagent.

Sans avoir la faiblesse de m'occuper du sort réservé aux miennes, j'ai dû les faire connaître; et je dois continuer cette entreprise, parce que je crois que cela peut être utile.

Maintenant je vais donc essayer de prouver

que, dans toutes les dissolutions et dans les fermentations, le feu qui est fixé dans les matières qui subissent ces actes chimiques, est le principal agent des mutations qui s'y exécutent. Je vais ensuite faire remarquer que ce feu, qui se trouve dans un état particulier qui lui donne cette faculté, est un instrument que les chimistes emploient dans leurs opérations par la voie humide, sans le connaître, attribuant tous ses effets à d'autres causes supposées; qu'enfin cet instrument, qui est le même dans le fond que le calorique à nu, n'est pas non plus uniquement mécanique.

Pour ramener à cette considération fondamentale dont on s'est si fortement éloigné, il faut rappeler que le feu qui est fixé dans les corps, n'y est jamais dans son état de rarité naturelle; qu'il ne pourrait pas être fixé s'il y était dans cet état, et qu'à l'instant de son dégagement, il ne pourrait pas se trouver dans l'état de feu calorique, comme il s'y trouve toujours, si, dans son état fixé, le feu n'était fortement resserré, condensé, et dans un état de compression extrêmement considérable. Je crois avoir suffisamment développé ailleurs (1) le fondement de cette vé-

(1) *Voyez* dans mes *Mémoires de Physique et d'His-*

rité, pour qu'il ne soit pas nécessaire d'y revenir ici.

D'après la considération qui précède, et dont j'ai donné d'amples développemens dans mes ouvrages, il est évident que le feu qui est fixé dans les corps, y doit être, selon l'état de la combinaison des principes de chacun des corps qui en contiennent, tantôt la base de toute combustibilité (tel est celui que je nomme *feu fixé carbonique*), et tantôt le radical de toute espèce de salinité (tel est celui que j'appelle *feu fixé acidifique*). Or, comme il est connu qu'il n'y a de dissolutions possibles qu'entre des matières dont au moins une est véritablement saline, c'est-à-dire, contient du *feu fixé* dans l'état *acidifique*, il n'est donc plus permis de douter que ce ne soit principalement la matière du feu qui agisse dans toutes les véritables dissolutions.

En effet, ce feu, imparfaitement fixé dans les acides, dans les alkalis, dans les liqueurs vineuses ou spiritueuses, enfin dans les matières savoureuses et odorantes, s'y trouve doué d'une tendance si grande au dégagement, et si facile à s'effectuer, qu'il n'a besoin que du contact d'une autre matière qui

---

toire naturelle, le sixième Mémoire, page 131, qui traite de la *matière du feu*.

par sa nature peut favoriser l'effectuation de sa tendance ou ses progrès dans une moindre concentration ; en sorte que cette matière, en le touchant, devient pour lui une provocatrice utile à son dégagement (1).

Ainsi, lorsqu'on mêle un acide avec une autre matière provocatrice du dégagement de son *feu acidifique*, dans l'instant même du mélange ou du contact mutuel des deux matières en question, et surtout dans celui où l'une de ces matières pénètre entre les parties de l'autre, il se fait aussitôt un changement dans l'état de combinaison des principes des deux matières dont il s'agit ; une désunion totale de ces mêmes principes ; enfin, un dégagement réel d'une partie des fluides élastiques auparavant combinés, et surtout d'une partie du feu fixé qui est alors nécessairement changé en feu calorique. Il se fait aussi, à la faveur de cette désunion, des principes des deux matières mises en contact, une ou plusieurs combinaisons nouvelles, que les circonstances ou l'abondance de certains principes favorisent nécessairement.

---

(1) *Voyez* en entier, dans mes *Mémoires de Physique et d'Histoire naturelle*, l'art. page 152, qui traite du *feu acidifique*.

Ces combinaisons nouvelles sont prouvées, 1°. parce que les résultats de l'acte chimique de la dissolution ne sont pas la séparation subsistante de tous les principes auparavant combinés, puisqu'il y en a qui se dissipent; 2°. parce que les composés qui sont produits par suite de l'acte de la dissolution, ne sont jamais les résultats de l'union de la totalité des principes qui constituaient auparavant les deux matières mélangées ou mises en contact, puisque, encore une fois, une partie de ces principes s'est exhalée ou dégagée pendant la pénétration de ces deux matières; 3°. parce qu'enfin on ne peut reproduire à volonté les deux matières en question, et dans leur quantité première, qu'en sacrifiant une ou plusieurs autres matières qui puissent, par leur destruction, fournir le complément des principes nécessaires pour les rétablir. (*Voyez* dans mes *Mém. de Phys.* le §. 134.)

Il est donc évident, d'après ce qui précède, que l'action du feu par la voie humide, c'est-à-dire, par la voie des dissolutions, est à très-peu près la même que celle du feu par la voie sèche, c'est-à-dire, par celle des combustions, des calcinations, etc. puisque, dans l'un et l'autre cas, il se fait des destructions de combinaisons existantes, des dissipations de principes, et presqu'en même tems des combinaisons nouvelles.

Dans toutes ces opérations (les dissolutions, les combustions, les calcinations, etc.) l'on peut assurer que si, d'une part, le feu divise les corps et en sépare des parties, en agissant comme instrument mécanique; de l'autre part, en se fixant plus ou moins abondamment, et se combinant avec une partie des principes des combinaisons qu'il a changées, ce même feu forme aussitôt des combinaisons particulières qui n'existaient pas auparavant.

Tels sont les résultats de l'action du feu, soit par la voie sèche, soit par la voie humide, résultats qu'on ne saurait solidement contester.

Le compte que l'on doit nécessairement tenir des effets du feu que je viens de mentionner, prouve que le feu, soit par la voie sèche, soit par la voie humide, ne doit jamais être employé pour faire l'analyse d'un composé quelconque, c'est-à-dire, pour en séparer et en présenter à part les véritables principes constituans.

Mais, disent les chimistes, en employant les mêmes moyens d'analyse sur la même substance, nous obtenons toujours les mêmes résultats. Sans doute, et j'en ai donné la raison ailleurs. Il en résulte toujours que vous avez une fausse idée de l'origine des produits; car vous ne pouvez tenir compte de toutes les matières dissipées, puisqu'il y en a que vous ne sauriez retenir dans aucun vaisseau, et que vous ignorez quelles sont au juste les matières fournies par les instrumens chimiques que vous employez.

Enfin, ajoutent les chimistes dans les analyses que nous faisons maintenant, nous découvrons avec certitude les véritables composans des substances que nous analysons; en sorte que nous pouvons assurer qu'en analysant des substances végétales ou des substances animales, nous parvenons à connaître très-positivement la quantité de carbone, d'hydrogène, d'azoth et d'oxigène, dont chacune de ces substances est composée; nous découvrons en même tems les premières complications ou les premières unions de ces principes, d'où résultent l'ammoniac, le nitre, l'hydrogène carboné ou sulfuré, etc. etc.

De même nous parvenons à connaître, en analysant des substances minérales, combien elles contiennent de parties, soit de silice, soit d'alumine, soit de carbonate de chaux, soit de tel ou tel oxide, etc. etc.

Et moi, je me crois très-fondé à assurer que

rien de tout cela n'est exact, et que toutes ces prétendues analyses sont autant de faits mal jugés, puisque, pour les faire, on a employé l'action du feu, tantôt par la voie sèche, tantôt par la voie humide, et presque toujours par l'une et par l'autre dans le cours des opérations qu'il a fallu exécuter pour les terminer.

CONCLUSION.

Quand les chimistes feront leurs analyses sans altérer la substance à analyser par le feu calorique à nu, et sans faire usage d'aucune matière saline, c'est-à-dire, de l'action du feu par la voie humide; enfin, quand ils n'emploieront que des instrumens dont l'action sera uniquement mécanique, alors je croirai que les produits de leurs analyses étaient véritablement contenus dans les matières qu'ils auront analysées (1).

QUESTION.

Quand cette belle partie de la physique

---

(1) Si après avoir lu ce Mémoire, et suffisamment médité sur tout ce qu'il contient, l'on prend la peine de revoir ce qui s'y rapporte dans le chap. IV de mon *Hydrogéologie*, et surtout ce que j'ai dit sur les *fermens* (addition, p. 186), on sera inévitablement frappé de la force des raisons qui appuient la théorie que j'ai publiée.

qu'on nomme *chimie*, aura-t-elle des principes solides, non vacillans, et sera-t-elle affranchie des hypothèses et de cet arbitraire de raisonnement qui font changer à peu près, tous les demi-siècles, les bases de la théorie que l'on suit dans le cours de chaque époque?

RÉPONSE.

Lorsque la *matière du feu*, ses qualités propres et les modifications qu'elle est susceptible d'éprouver, seront parfaitement connues; et lorsqu'on ne la prendra plus, dans chacun des états différens où on la rencontre, pour autant de matières particulières existantes essentiellement dans la Nature.

Nota. Ce Mémoire a été imprimé dans le *Journal de Physique*, mois de floréal an 7. J'y ai fait des additions.

MÉMOIRE

MÉMOIRE

SUR LA MATIÈRE DU SON.

Le choc des corps, opéré à certaine distance de nous, produit sur l'organe de notre ouïe une sensation connue de tout le monde, sous le nom de *bruit* ou de *son* (1). Il n'est pas douteux que cette sensation ne soit le résultat de l'ébranlement ou de la vibration d'une matière fluide, interposée entre le corps choqué et notre organe; matière que son extrême transparence ne nous permet pas d'apercevoir.

Quelque familière que nous soit cette sensation du son ou du bruit, il me semble que la matière qui la cause, en affectant notre

(1) Le *son*, proprement dit, résulte du choc des corps élastiques : il est dû à une série de vibrations régulières et décroissantes de ces corps ou de leurs parties ; vibrations qui opèrent dans le fluide subtil, qui est la matière propre de ce son, une série de vibrations analogues.

Le *bruit*, au contraire, résulte du choc des corps non élastiques : il est le produit d'un ou de plusieurs chocs qui ne se répètent point par vibrations. Ce n'est en quelque sorte qu'un son simple.

P

organe auditif, ne nous est pas encore bien connue.

Peut-être paraîtra-t-il d'abord assez indifférent à quelques personnes, de savoir quelle est réellement cette matière ; car il y a peu d'apparence, diront-elles, que plus de connaissances à cet égard nous soient de grande utilité. Pour moi, je pense, au contraire, qu'il importe beaucoup pour l'avancement de nos connaissances en physique, de déterminer positivement quelle est la matière invisible qui occasione en nous la sensation du bruit ou du son, parce que des recherches à cet égard peuvent nous mettre dans le cas de découvrir quelque fluide particulier, qui, quoiqu'échappant à plusieurs de nos sens par sa ténuité et son extrême transparence, peut être néanmoins assez actif et assez puissant pour influer considérablement sur la plupart des faits physiques que nous observons, et peut-être encore sur des faits relatifs à l'organisation des êtres vivans, qu'il nous est si important de bien connaître.

Le fluide invisible qui est pour nous la matière propre du *son* et du *bruit*, se trouvant nécessairement interposé entre les corps choqués et notre organe auditif, doit être un fluide qui nous environne partout, dans lequel, par conséquent, nous nous trouvons sans cesse plongés; en un mot, il doit constituer le milieu invisible dans lequel nous vivons, ou au moins en faire partie.

Quoique l'air commun, que je nomme *gaz atmosphérique* (1), soit un fluide absolument invisible, ce fluide, dans lequel nous sommes continuellement plongés, est sans doute de

---

(1) J'ai donné à l'air commun, dans lequel nous vivons, le nom de *gaz atmosphérique*, parce que, comme je le ferai voir ailleurs, c'est un composé gazeux, résultant de la combinaison de l'air élémentaire avec les principes d'une grande partie des vapeurs qui émanent et s'exhalent de toutes parts de la surface du globe, et qui s'élèvent et se répandent dans le sein de l'atmosphère, où elles s'y détruisent. Ces vapeurs, qui ne peuvent ainsi s'élever dans l'atmosphère que jusqu'à une hauteur limitée, y donnent lieu à la formation et à l'entretien continuel d'une combinaison particulière et gazeuse, dans laquelle l'air élémentaire (le *gaz oxigène* des chimistes) paraît entrer au moins pour un quart, et qui constitue ce fluide invisible, connu sous le nom d'*air commun*. Il remplit seulement la région inférieure de l'atmosphère, que je nomme *Région des vapeurs*.

On trouvera des développemens à cet égard, et des preuves rigoureusement établies d'après les faits, dans un ouvrage que je vais mettre incessamment sous presse, auquel je travaille depuis près de trente ans, et qui sera intitulé : *Théorie de l'Atmosphère terrestre*.

tout tems parvenu à notre connaissance, parce que dans ses déplacemens il se rend sensible à nous en affectant l'organe du toucher, en nous poussant même avec force, et ensuite parce qu'étant d'une certaine grossiéreté dans ses parties, nous avons la facilité de l'enfermer dans des vaisseaux, de l'y retenir à notre gré, d'en faire l'examen, etc. etc.

Il était donc naturel de penser qu'un fluide dans lequel nous sommes sans cesse plongés, qui se trouve par conséquent interposé entre tous les corps et nous, que nous connaissons en quelque sorte de tout tems, qui nous semble d'ailleurs jouir d'un ressort considérable, devait être la matière même qui nous affecte dans la sensation du son ou du bruit. Il était raisonnable de croire que c'était ce même fluide qui, dans le choc des corps, recevait un ébranlement ou des vibrations dans un degré de force proportionné, et propageait cet ébranlement ou ces vibrations jusqu'à notre ouïe.

C'est en effet ce qu'on a pensé jusqu'à présent, et c'est sans doute ce qu'il faudrait continuer de croire, si l'observation des faits ne nous apprenait d'une manière convaincante, que le fluide, quel qu'il soit, qui a la faculté de nous transmettre le bruit ou le son, a aussi celle de le transmettre à travers des milieux et des corps que l'air commun ne saurait traverser.

Nous allons voir que la matière fluide qui forme le bruit ou le son, a la faculté de propager à travers différens milieux, et surtout à travers des milieux solides, les ébranlemens ou les vibrations qu'elle peut recevoir du choc des corps, et qu'en conséquence il est nécessaire que sa ténuité ou son extrême rarité la mette dans le cas de traverser facilement ces différens milieux. Or, on sait que l'air commun ne saurait traverser une vessie de porc lorsqu'on l'y enferme, et qu'on peut le retenir à son gré dans toutes sortes de vaisseaux; il n'a donc point les propriétés dont jouit évidemment la matière propre du son.

Lorsqu'arriva l'affreux accident qu'éprouva la poudrerie établie dans la plaine de Grenelle, près Paris (le 14 fructidor an 2), je distinguai très-bien la commotion qui ébranlait tout, et qui causa tant de dommages dans les matières fragiles, du bruit ou craquement remarquable qui lui succéda, et qui parvint à mon oreille à travers l'air commun. Je m'aperçus clairement que le fluide qui causa la commotion que je ressentis dans le lieu où je me trouvais, arrivait à moi à travers la masse du sol, me pénétrait, et occasionait en moi une sensation sourde et particulière, très-distincte de celle que le bruit qui se propageait à travers l'air, vint opérer sur mon ouïe. Je fus convaincu que l'air commun était incapable de produire de semblables effets; car quelles que soient les ondulations ou les vibrations qu'on pourrait supposer s'être alors formées dans sa masse, elles ne pourraient s'être propagées à travers le sol à la distance d'environ cinq kilomètres (plus d'une lieue), où je me trouvais, avec la célérité et la force que je remarquai dans cette circonstance. J'eus donc occasion de me convaincre que la commotion (1) que j'éprouvai

---

(1) La *commotion* que je ressentis à une aussi grande distance du lieu de son origine, n'était pas, comme on pourrait le croire, le résultat d'une compression successive des parties du sol comprises entre le lieu où j'étais, et celui où se faisait l'explosion; car on sait que l'effet de la compression est non-seulement proportionnel au degré de force avec lequel agit le corps comprimant, mais aussi au degré de compressibilité du corps comprimé; en sorte qu'une masse sera d'autant plus comprimée par la force comprimante, que ses parties seront moins dures et plus susceptibles de céder à la compression. Ce n'est assurément pas la masse terreuse et pier-

à cette grande distance, était due singulièrement à l'agitation violente d'un fluide subtil et élastique qui avait la faculté de traverser la masse du sol sans résistance, ou plutôt qui, s'y trouvant répandu, y propageait les ébranlemens violens qui venaient de lui être communiqués.

La matière qui occasiona la commotion dont il s'agit, produisit les plus grands effets sur les corps denses, et ne fit point osciller le feuillage des arbres; ce que j'observai étant à ma fenêtre, et faisant face au lieu où s'opérait cette terrible détonnation. Une porte de communication de ma chambre à une pièce voisine s'ouvrit, et les plus légers ébranle-

---

reuse qui constitue le sol qui a subi la commotion dont il s'agit, et que, comparativement au fluide subtil qui la pénètre, on jugera très-susceptible de céder à la compression.

Tandis qu'un fluide subtil, éminemment élastique par sa nature, répandu dans toutes les parties du globe et dans toutes les masses qui le constituent, recevant tout à coup, par l'explosion en question, une compression énorme et subite, a dû communiquer, de proche en proche, à ses parties voisines, la compression qu'il venait de recevoir, et par suite de son ressort, s'efforcer de se rétablir partout dans son premier état; ce qui a produit la commotion et les accidens observés.

mens ne se firent point remarquer dans les rideaux. Le piton d'un crochet de fer qui tenait une autre porte fermée, s'arracha, pendant que dans le même lieu le calme de l'air se faisait ressentir par le repos des corps légers. J'appris le lendemain que, dans une maison fort élevée qu'occupait alors le citoyen Crapelet, imprimeur (rue des Carmes), la commotion s'était si fortement fait ressentir dans le bas, au rez-de-chaussée de cette maison, que les ouvriers y avaient été effrayés de l'ébranlement qu'ils remarquaient dans les meubles de leur atelier; tandis que le citoyen Crapelet, qui se trouvait alors au quatrième étage de la même maison, n'avait point ressenti de commotion, mais avait seulement entendu par la fenêtre le bruit que l'explosion avait occasioné.

Les grandes agitations de l'air par déplacemens, comme les vents tempêteux, peuvent causer le renversement des édifices, le soulèvement des toits, etc. Celles que l'on croit pouvoir se faire par ondulations circulaires, concentriques et croissantes, ou par des espèces de vibrations, devraient ébranler proportionnellement les corps légers, tels que le feuillage des arbres, etc. etc. Mais aucune de ces sortes d'agitations ne doit pouvoir casser des vitres sans forcer les fenêtres, rompre des glaces dans l'intérieur des habitations, comme cela est arrivé à plusieurs de celles qui ferment les armoires des galeries du Muséum; fendre des plafonds, et arracher des pitons de fer dans le moment même où l'air très-calme ne parut pas même faire branler ou voltiger le feuillage des arbres. C'est cependant ce qui est arrivé à la suite de l'explosion de la poudrerie de Grenelle. — *Recherches*, vol. 2, p. 401.

L'observation des faits m'a forcé de reconnaître et d'établir en principe, que le son ou le bruit se propage avec une intensité ou une force qui est en raison directe du choc ou des vibrations des corps, et à la fois de la densité des milieux, à travers lesquels la matière qui le forme, propage ses ébranlemens.

Le bruit ou le son se transmet dans l'air commun d'une manière connue de tout le monde, et avec cette seule variation qu'il s'étend plus au loin, et s'entend plus fortement dans un air dense que dans un air raréfié. Aussi le bruit ou le son s'entend mieux le soir ou la nuit, que dans le jour; dans un bois que dans une plaine nue; dans l'air qui domine les eaux, que dans celui qui couvre des terrains arides. Mais dans tous ces cas, la propagation du bruit ou du son à travers l'air, est toujours plus lente et moins forte qu'à travers les autres milieux plus denses.

Diverses observations attestent que le son ou le bruit se propage sous l'eau, c'est-à-dire, dans la masse de ce liquide, bien plus fortement qu'à travers l'air (1) : on y entend même, quoique plus faiblement, les sons qui y arrivent à travers l'air qui la domine (2).

La Nature a donné aux animaux qui vivent dans l'air, un conduit auditif externe, pour augmenter en eux les moyens d'entendre le bruit ou le son qui ne se propage qu'avec une certaine faiblesse, à travers un milieu si mou et qui a si peu de densité; mais

---

(1) C'est un fait prouvé, que les bruits qui se font sous l'eau, sont si formidables et si terribles, qu'au rapport de l'abbé Nollet, un plongeur qui était descendu au fond de la mer, par le moyen d'une cloche, eut à peine commencé de sonner du cor qu'il pensa s'évanouir. (*Problême d'Acoustique*, introduct. p. xxvj. *Tentamen de vi soni et musices in corpus humanum*, par Roger, médecin de Montpellier. §. 98.)

(2) « J'ai eu la curiosité, dit Nollet (*Leçons de Physique*, vol. 3, p. 420), de me plonger exprès, à différentes profondeurs, dans une eau tranquille, et j'y ai entendu très-distinctement toutes sortes de sons, jusqu'aux articulations de la voix humaine. »

elle a privé de conduit auditif externe presque tous les animaux qui vivent continuellement dans l'eau, parce que se trouvant dans un milieu beaucoup plus favorable à la propagation du bruit ou du son, ils n'en avaient pas besoin.

Ainsi, dans beaucoup d'animaux, tels par exemple que les poissons, le fluide élastique subtil et pénétrant, qui est la cause matérielle du bruit ou du son, est obligé de propager ses ébranlemens au travers de la substance même du crâne, afin d'en imprimer l'effet sur l'expansion pulpeuse de leur nerf auditif; car, dans ces animaux, tout ce qui appartient à l'organe de l'ouïe, est enfermé avec le cerveau dans le crâne même, et n'a aucune communication libre avec les milieux extérieurs. C'est cependant pour les poissons, au travers de l'eau d'abord, et ensuite au travers de leur crâne, que le fluide, qui est la cause du bruit ou du son, doit pénétrer pour arriver à leur nerf auditif. Assurément l'air ne jouit pas d'une pareille faculté. (*Mém.* n°. 158.)

Nollet, en parlant de l'expérience d'un timbre que l'on fait sonner dans le vide, s'exprime de la manière suivante, dans ses remarques à cet égard.

« Cette expérience du timbre ou d'une sonnette dans le vide, si connue et tant répétée dans les colléges, a fait conclure à bien des gens, que l'air était le seul milieu propre à la propagation du son. Qu'il y soit propre, cela n'est point douteux; qu'il soit le seul, je crois que c'est trop dire. Car pourquoi cette même expérience ne réussit-elle pas au gré de ceux qui la font, quand ils n'ont pas soin d'isoler le corps sonore, ou d'empêcher qu'il ne touche immédiatement la platine, le récipient ou quelqu'autre corps dur qui communique au dehors? N'est-ce point parce que le son se transmet par les corps solides qui ont communication d'une part avec le timbre, et de l'autre avec l'air extérieur? » (*Leçons de Phys.* vol. 3, pag. 416.)

On voit que Nollet, qui, se pliant aux préventions existantes, voulait que l'air fût la matière propagative du son, se trouvait forcé, par les faits, d'admettre encore une autre matière propagatrice du son. Or, on peut bien assurer maintenant qu'il n'y a qu'une seule matière qui ait cette faculté, soit qu'elle agisse à travers la masse de l'air, soit qu'elle propage ses ébranlemens au travers de l'eau ou au travers des corps solides.

Suivons encore ce physicien célèbre dans ses remarques, au même endroit cité.

« D'ailleurs (continue-t-il), la quatrième expérience ne nous laisse, ce me semble, sur cela aucun doute. Si le son ne pouvait se transmettre que par l'air, pourquoi l'entendrait-on lorsque le corps sonore, enfermé par le verre et par le plomb, se trouve plongé dans un vase plein d'eau? N'est-on pas forcé de reconnaître que le son se communique du réveil (ou timbre) à l'air qui l'environne, de l'air au récipient (la cloche de verre), du récipient à l'eau, et de l'eau à l'air extérieur? » *Ibid.*

Nollet était trop instruit pour ne pas être convaincu que toutes les vibrations possibles de l'air enfermé sous la cloche de verre, comme dans sa quatrième expérience (*Leçons de Phys.* vol. 3, p. 414), ne pouvaient pas communiquer leur mouvement à l'air extérieur, puisque le premier se trouvait séparé de celui-ci, d'abord par le verre du récipient, que l'air qui y était enfermé, ne saurait traverser, et ensuite par l'eau qui entourait de tous côtés ce récipient, autre milieu qu'il fallait encore traverser pour arriver à l'air extérieur avec ses mouvemens de vibrations.

Si, dans le vide, le son paraît affaibli et presque nul, cela n'arrive pas ainsi, parce que la matière propre du *son* y manque ou s'y trouve trop raréfiée, ce qu'on a cru jusqu'à présent; mais c'est que cette matière du *son* n'y trouve point de milieu propre à aider la propagation de ses ébranlemens, en servant d'appui à ses répercussions multipliées.

L'effet de l'élasticité du fluide subtil qui, par ses ébranlemens, forme le bruit ou le son, va en augmentant à mesure que ce fluide ébranlé traverse des milieux plus denses, parce que ces milieux lui donnent latéralement des points d'appui et de répercussion d'autant plus solides. Or, il est évident que ce même effet doit diminuer proportionnellement lorsque le fluide élastique, qui forme le bruit ou le son, ne traverse que des milieux mous et rares, et qu'il doit presqu'entiérement s'anéantir, lorsque ce même fluide, mu par des chocs ou des vibrations de corps sonores, se trouve isolé ou dans le vide. (*Mém.* n°. 157.)

Si le principe que j'ai établi plus haut, est fondé, savoir, que le *son* ou le *bruit* se propage avec une intensité et une force qui sont en raison directe des chocs ou des vibrations des corps, et à la fois de la densité des milieux à travers lesquels la matière qui le forme, propage ses ébranlemens, on ne sera plus étonné de remarquer:

1°. Que dans le vide, l'effet des ébranlemens de la matière du bruit ou du son soit presque anéanti ;

2°. Que dans l'air, le même effet soit alors perceptible, mais avec une certaine lenteur et faiblesse ;

3°. Que dans l'eau, le même effet soit beaucoup plus fort, et se prolonge ou s'étende plus loin ;

4°. Enfin, qu'à travers la terre même et différens corps solides, le même effet s'étende encore plus loin, et ait plus de force et plus d'intensité.

Ainsi l'on ne doit plus être surpris si, en se couchant sur la terre, on peut entendre le canon d'un siége, à la distance d'environ 10 myriamètres (plus de 20 lieues), tandis qu'on cesse aussitôt de l'entendre si on se lève pour écouter dans l'air. On entendait à *Monaco*, en se couchant sur la terre, le canon des vaisseaux de Toulon, tirant, suivant la coutume, à dix heures, le jour du samedi de Pâques. La distance de Toulon à *Monaco* est cependant de 12 ou 13 myriamètres au moins (plus de 25 lieues).

C'est la même cause qui fait qu'on entend, à l'extrémité d'une grosse et longue poutre, les coups que l'on frappe avec la tête d'une épingle à l'autre extrémité, tandis que ce léger bruit ne saurait être entendu à travers l'air à la distance d'un mètre.

Si l'on passe un bout de corde dans le sommet d'une pincette de cheminée (de celles qui ne sont pas à charnière), et qu'on porte à ses oreilles les bouts de cette corde, en faisant balancer et frapper contre quelque corps solide la pincette ainsi suspendue, on entend aussitôt un bruit et un bourdonnement considérables, qui cessent dès que l'on éloigne des oreilles les bouts de la corde, et qui recommencent dès qu'on les en rapproche. Les enfans s'en font un jeu qui les amuse, parce qu'ils aiment le bruit. Mais le physicien, pour qui aucun fait n'est indifférent, remarque ici que la matière du *son*, mue par le choc et les frémissemens de la pincette, propage avec plus de force ses ébranlemens à travers la corde, dans le sens de sa longueur, qu'à travers l'air commun.

Pour prouver encore la propagation du son et par conséquent des ébranlemens de la matière qui le forme au travers des corps solides, je citerai les faits suivans:

1°. Si on froisse avec une pierre le mur d'une maison à l'extérieur, les personnes qui sont dans cette maison, entendront un bruit plus

plus considérable que celui qui frappe l'ouïe en dehors.

2°. Deux mineurs travaillant dans des souterrains, quoiqu'il y ait 20 à 30 mètres (60 à 90 pieds et plus) d'épaisseur de roche dure, la plus compacte entr'eux, entendent réciproquement la percussion de leurs outils. Si l'un interromps son ouvrage, l'autre peut s'en apercevoir par la cessation du bruit, surtout s'il approche l'oreille de la roche.

En outre, lorsque les Tartares craignent d'être attaqués à l'improviste par leurs ennemis, qui, selon l'usage, sont à cheval et souvent forment une cavalerie nombreuse, ils connaissent à merveille leur arrivée, même à une distance considérable, en prenant la précaution suivante. Ils ordonnent à leurs sentinelles de se coucher sur la terre et d'y prêter l'oreille, ou ils s'y couchent les uns les autres à différens intervalles. Alors si l'ennemi vient, les Tartares, entendant de très-loin les pas des chevaux, jugent très-bien, par ce moyen, de la distance de l'ennemi, et même à peu près du nombre de combattans qu'il compose, tandis qu'à travers l'air environnant l'ennemi ne pourrait être entendu, à moins d'être fort près.

Enfin, des expériences ont prouvé que si, à un *piano* situé dans une chambre, l'on fait toucher un gros fil de fer neuf ou une verge d'acier, et que ce fil de fer, restant en contact avec l'instrument, soit conduit par un petit trou dans le mur ou dans la porte jusque dans une troisième chambre; et que si ensuite, lorsqu'on exécutera quelque pièce sur le *piano*, une personne se trouve dans la troisième chambre ayant toutes les portes fermées, elle n'entendra pas le moindre son; mais dans cette circonstance, si cette personne prend le fil de fer entre les dents, alors les sons du *piano* lui paraîtront très-distincts.

Toutes ces observations s'accordent donc à prouver que le fluide élastique et très-subtil qui forme le *son*, propage d'autant plus facilement ses ébranlemens, qu'il traverse des milieux plus denses.

Que l'on se rappelle en outre les sensations intérieures et singulières que certains *sons* nous font éprouver, et les effets étonnans que la musique produit sur nous; que l'on se rappelle surtout sa puissance pour émouvoir nos passions, alors on jugera si le tremblement nécessairement lent d'un fluide aussi grossier et aussi peu pénétrant que l'air peut avoir de semblables facultés.

Il paraît que le son ou le bruit éprouve de la difficulté à se transmettre d'un milieu dans un autre, lorsque la différence des densités est considérable, à moins que l'un des deux milieux n'ait peu d'épaisseur. Cela est cause qu'il est aisément réfléchi par les corps durs, lorsque la matière élastique et subtile qui le forme, propage ses ébranlemens à travers un milieu rare et vient à rencontrer ces corps. En effet, quoique cette matière du son soit elle-même très-pénétrante, on sent que l'extrême promptitude, et même que la nature de ses ébranlemens la mettent plutôt dans le cas d'être répercutée ou réfléchie dans cette circonstance, que de se répandre avec la conservation de ses mouvemens, d'un milieu rare dans un autre beaucoup plus dense. L'observation des faits me paraît confirmer complétement cette idée.

L'*écho* n'est pas seulement le résultat d'une réflexion parfaite du son, comme Buffon l'a pensé (vol. 3, p. 342), mais il est dû à une réunion, dans un point central, de réflexions ou répercussions diverses de la matière ébranlée qui le forme. Aussi l'*écho* se trouve-t-il en un point qui peut être regardé comme le foyer où se réunissent les réflexions ou les répercussions diverses de la matière du son. En deçà et au-delà de ce point, l'*écho* n'a plus lieu.

Si vous êtes placé en face d'une muraille

en ligne droite, à une distance quelconque, le bruit que vous ferez, ne se répétera pas en *écho* à vos oreilles, parce que les répercussions de la matière du son, ébranlée par vous, ne se réuniront pas en un foyer. Mais si la muraille était disposée en ligne courbe, il se trouverait un point d'où le bruit formé pourrait se répéter en *écho*.

On sait qu'au milieu d'une caverne, que sous la voûte d'un bâtiment, qu'entre les rochers d'une montagne, et qu'entre les arbres d'une forêt, le bruit ou le son y forme ordinairement des *échos* remarquables : or, la disposition de ces corps durs, c'est-à-dire, celle des parois de la caverne et de la voûte, celle des rochers et des arbres que je viens de citer, les met dans le cas de réfléchir diversement la matière ébranlée qui produit le son ou le bruit ; et c'est dans les points où un certain nombre de ces réflexions se réunissent et se croisent, que se rencontrent les *échos* que l'on y observe.

Hors des foyers dont je viens de parler, les lieux où s'opèrent beaucoup de réflexions de la matière du son, ébranlée par le choc ou la vibration de quelques corps, résonnent considérablement et souvent même d'une manière incommode ; mais il n'y a point d'*écho*.

La multitude de réflexions que la matière du son, en propageant ses ébranlemens, peut subir et recevoir de la disposition circulaire ou concave des corps durs, augmente proportionnellement la force du son au lieu de l'affaiblir, si cette disposition se trouve répétée et multipliée.

Cette même disposition ainsi répétée, multiplie en effet, pour la matière du son mise en mouvement, les réflexions et le nombre de leurs foyers; et elle fait que les canaux coniques, tortueux ou en volute, qui ne sont autre chose que des séries de cavités confondues, croissantes ou décroissantes, présentent la circonstance la plus favorable à la propagation du son, et même au maintien ou à l'accroissement de son intensité.

De là on peut concevoir pourquoi la Nature a donné aux animaux qui vivent dans l'air, un appareil tel à l'organe de leur ouïe, que la matière du son, avant d'arriver à leur nerf auditif, trouve dans la forme de leur conduit auditif externe, lequel souvent est augmenté d'un pavillon qu'on nomme *oreille extérieure*, et trouve ensuite dans celle de leur conduit auditif interne, qu'on nomme *labyrinthe*, l'occasion d'accroître la force de ses ébranlemens par des réflexions ou répercussions nombreuses, qui se multiplient avec le rétrécissement des canaux qui reçoivent cette matière.

Ce que nous venons de remarquer ici en grand, sur le pouvoir des répercussions de la matière du son dans ses ébranlemens, et sur les effets de la multiplication de ces répercussions, nous indique assez maintenant pourquoi la matière du son propage avec plus de facilité ses ébranlemens à travers des milieux denses et même solides, qu'à travers ceux qui sont mous et rares.

La réunion de ces faits et de toutes les observations que je viens de présenter, prouve que *l'air commun*, qui est un fluide gazeux, grossier, mou, incapable de pénétrer la substance ou les masses d'un grand nombre de corps, ne peut être lui-même la matière qui forme et propage le bruit ou le son.

Cette réunion de faits prouve ensuite que, outre l'air commun qui nous environne, il existe dans sa masse et dans celle de tous les corps un autre fluide invisible, singuliérement élastique, très-subtil, d'une rarité extrême, présent dans toutes les parties de notre globe, et par conséquent dans son atmosphère, jusqu'à une hauteur que je crois limitée. Elle prouve enfin que ce fluide subtil, qui sans doute *est la cause de la force du ressort* que nous observons dans l'air commun, est susceptible d'être mu par le choc et les vibrations des corps, et qu'il propage ses ébranlemens à travers différens milieux, avec une facilité et une intensité d'autant plus grandes, que ces milieux ont plus de densité.

L'air commun n'est donc à la matière du son, qui propage à travers sa masse les ébranlemens ou les frémissemens qu'elle reçoit du corps sonore vibrant, qu'un milieu qui facilite le maintien des frémissemens de cette matière subtile. Peut-être que l'air lui-même, qui est partout pénétré ou rempli du fluide subtil dont il est question, et qui en reçoit *la très-grande partie de son ressort*, participe aussi du même frémissement. Cela est très-possible. Mais le composé gazeux qu'on nomme air commun, est trop grossier, trop mou, et surtout trop peu pénétrant pour propager ses propres frémissemens à travers des milieux plus denses que lui. C'est, je crois, ce qu'on ne saurait contester, tandis que les faits déjà cités suffisent pour nous convaincre que la matière qui propage le son, jouit pleinement de cette faculté.

Ainsi l'air n'a point par lui-même le ressort dont il paraît jouir; ce fluide composé, grossier, malgré son extrême transparence, est incapable d'avoir, par sa propre nature, un pareil ressort. Il doit donc celui qu'on lui observe, au fluide subtil dont il se trouve pénétré ; fluide qui paraît être aussi la source du ressort de tous les autres fluides élastiques, et qui met l'air lui-même dans le cas d'étendre, avec une vitesse égale à celle de la propagation du son, les vibrations ou frémissemens qu'il en peut recevoir.

L'air ressemble en cela aux autres matières composées gazeuses, qui ne doivent leur état de gaz et la totalité de leur ressort qu'à un fluide subtil et éminemment élastique qui les pénètre, c'est-à-dire, qui se trouve répandu dans leur masse sans y être combiné (*le calorique*).

L'effet du ressort que l'air reçoit du fluide élastique continuellement répandu dans sa masse, a pu être observé, calculé et très-bien déterminé par les géomètres, et ensuite le résultat du calcul de cet effet a pu s'accorder parfaitement avec la vitesse bien connue (1) de la propagation du son; ce dont je ne doute

(1) On sait, d'une manière certaine, que le bruit ou le son qui se propage à travers l'air commun, parcourt environ 334 mètres (173 toises) par seconde.

nullement : mais je dis que cette considération n'intéresse aucunement la proposition que j'entreprends d'établir dans ce Mémoire.

En effet, la proposition dont il s'agit se réduit à avancer que *l'air commun n'est point la matière propre du son, mais que c'est uniquement le fluide subtil et essentiellement élastique, répandu dans la masse de ce composé gazeux qui constitue cette matière, puisque ce même fluide subtil a la faculté de propager sans obstacle, à travers des milieux plus denses que lui, les frémissemens que lui causent les vibrations des corps sonores, et de pénétrer, dans cet état d'agitation, jusqu'à l'expansion pulpeuse de notre nerf auditif ; ce qui produit en nous la sensation du son.*

L'établissement de cette proposition ne contredit donc aucune vérité mathématique, comme on me l'a objecté lorsque j'ai eu commencé la lecture de mon Mémoire, et ne pouvait me mériter tout ce que j'ai eu à essuyer dans cette circonstance.

Lorsqu'on a calculé la vitesse de la propagation du *bruit* ou du *son* dans l'atmosphère, on s'est réglé sur la promptitude de l'effet produit à une distance déterminée, et l'on en a conclu la vitesse de communication des ébranlemens de l'air, tandis que c'est au contraire celle d'un fluide subtil et très-élastique répandu dans sa masse. C'est ainsi que ceux qui ont mesuré la force répulsive de la *vapeur de l'eau*, ne considérant que l'eau dans cette circonstance, lui attribuent une force élastique qui appartient toute entière au *calorique* qui environne alors ses molécules et qui les emporte (1).

La preuve, enfin, que l'air commun n'est point la matière même du son, c'est que les vibrations que cet air peut recevoir des corps sonores, à la faveur du fluide élastique dont il est toujours pénétré, ne lui donnent point pour cela la faculté de traverser, dans cette circonstance, les milieux qu'il ne pouvait traverser dans l'état de repos : on ne pourrait assurément supposer qu'il ait alors cette faculté. Or, si une simple membrane l'arrête, à plus forte raison sera-t-il arrêté par l'inertie et l'incompressibilité propre de l'eau, par l'enveloppe osseuse qui constitue le crâne des poissons, par le tissu serré et solide du bois, etc. etc. tandis que la matière subtile

---

(1) *Voyez* mes *Recherches sur les causes des principaux faits physiques*, vol. 1, p. 198, et mes *Mémoires de Physique et d'Histoire naturelle*, p. 213.

et essentiellement élastique qui se trouve répandue partout, et conséquemment dans le sein de l'air, et qui en constitue presque tout le ressort, ne s'arrête point à ces obstacles; elle passe outre, sait traverser différens milieux, et arriver jusqu'à l'organe essentiel de notre ouïe, avec l'agitation qu'elle a pu recevoir du choc ou des vibrations des corps.

Cette matière subtile peut seulement, comme je l'ai déjà dit, subir divers degrés d'affaiblissement dans la force de ses mouvemens, soit lorsqu'elle change de milieu dans la transmission de ses frémissemens, soit lorsque de grands déplacemens de l'air au travers duquel elle se meut, viennent à altérer la force et la direction des mouvemens qu'elle propage.

Maintenant, considérant que le fluide subtil dont je viens de parler, existe indubitablement, puisque tous les faits relatifs à l'acoustique attestent la nécessité de son existence; considérant ensuite que le *feu éthéré* qu'une multitude d'autres faits bien constatés m'ont fait reconnaître dans la Nature (*Mém. de Phys. et d'Hist. nat.* p. 135, etc.), existe pareillement et de la même manière; enfin, considérant que ce *feu éthéré* est, comme la matière même du son, un fluide invisible, subtil, excessivement élastique, d'une rarité extrême, pénétrant facilement les masses de tous les corps, et conséquemment répandu partout dans notre globe (*Mém. de Phys.* etc. p. 136, n°s. 146 et 147), je suis forcé de reconnaître que le *feu éthéré* dont il s'agit, et la matière propre du son et du bruit, sont une seule et même matière.

Ce n'est assurément point par hypothèse ni par aucune supposition vague et gratuite que j'ai établi l'existence du *feu éthéré*, et auquel j'ai assigné, d'après l'examen des faits, les qualités essentielles qui lui appartiennent. J'ai acquis et publié à cet égard des preuves suffisantes pour convaincre ceux qui n'aiment que des connaissances exactes, et j'ose dire que ces preuves sont telles, que je n'ai pas à craindre qu'on entreprenne de les contester publiquement.

J'ai été conduit à découvrir l'existence du *feu éthéré*, en suivant avec soin tous les faits relatifs au *feu calorique*, et en examinant les suites de son expansion, c'est-à-dire, ce qu'il devient lui-même au terme de l'expansion qu'il éprouve (*Mém. de Phys.* etc. p. 171 et suiv.). Je fus ensuite confirmé dans ma découverte, en observant les faits relatifs à la chaleur communiquée au globe terrestre par la lumière du soleil, et à celle qui se forme et s'amasse sur un point ou un corps résistant, par les chocs mutipliés de la lumière réunie au foyer d'une lentille. J'en fus surtout convaincu lorsque des expériences qui me sont propres, m'eurent appris que la lumière dont je viens de parler, n'avait en elle-même aucune chaleur quelconque.

Newton avait, il y a long-tems, pressenti l'existence d'un fluide semblable, c'est-à-dire, d'un fluide subtil, élastique, et qui pénètre tous les corps; mais il ne put trouver les moyens d'en établir la démonstration. En effet, démontrer l'existence d'un fluide qu'on ne saurait faire voir et qu'on ne peut retenir dans aucun vaisseau, cela n'est pas facile à exécuter.

Cet homme illustre en fait beaucoup mention dans ses questions, qui sont à la suite de son *Traité d'Optique*. (*Voy*. les questions 17, 18, 19, 20 et 21.) Il donne à ce fluide le nom de *milieu éthéré*, et à son égard il s'exprime ainsi à la fin de sa dix-huitième question :

« Ce milieu n'est-il pas excessivement plus rare, plus subtil et plus élastique que l'air? Ne pénètre-t-il pas facilement tous les corps? Et par sa force élastique ne se répand-il pas dans tous les cieux? »

Ce dernier membre de la question est complétement hypothétique et n'est point vraisemblable ; au lieu que ceux qui le précèdent, peuvent recevoir une réponse affirmative appuyée sur des faits bien constatés.

Si Newton eût bien connu le *feu calorique*, et s'il eût découvert que ce feu n'avait qu'accidentellement, et non essentiellement, les facultés qu'on lui observe, il n'eût pas manqué de découvrir le *feu éthéré*, d'en établir la démonstration, et de reconnaître en lui ce même fluide subtil, éminemment élastique, qui pénètre tous les corps que son génie et son œil observateur lui ont fait pressentir, et auquel il a donné le nom de *milieu éthéré*.

On voit que Newton pensait que la lumière agit sur son *milieu éthéré* comme sur les autres corps, et qu'elle excite dans sa masse et dans celle des autres corps, des ondes de vibrations qui causent en eux la chaleur ; il croyait en outre que les vibrations de son *milieu éthéré*, ainsi que celles de beaucoup d'autres corps, avaient à leur tour la faculté d'agir sur la lumière, de la lancer, de la réfléchir et de la réfracter, selon leurs différens états et leurs diverses natures.

Mais tout cela n'est qu'une belle hypothèse, digne à la vérité du génie de l'illustre Newton ; hypothèse que ce savant justement célèbre fut obligé d'imaginer pour remplacer deux causes qu'il n'eut pas occasion de connaître; celle qui réduit le *feu éthéré* en *feu calorique*, et celle qui réside dans l'influence que l'état du *feu fixé* dans les corps exerce sur la lumière qui tombe sur eux; influence que j'ai suffisamment fait connaître dans mes écrits, et à laquelle Newton n'a point pensé. (*Voyez* mes *Mémoires de Phys. et d'Hist. natur.*, p. 56, n°s. 44 à 52, et p. 179, n°s. 217 à 232.)

CONCLUSION.

D'après les observations et les faits cités dans ce Mémoire, je me crois très-fondé à conclure :

1°. Que l'air commun dans lequel nous vivons, n'est point la matière propre du son, puisque, malgré sa parfaite transparence, ce fluide est encore trop grossier pour pénétrer librement les masses des corps qui ont plus de densité que lui; faculté dont jouit évidemment la matière propre du son;

2°. Qu'il existe un fluide invisible, très-subtil, singuliérement élastique, d'une rarité extrême, pénétrant facilement tous les corps, répandu dans toutes les parties de notre globe, et conséquemment dans son atmosphère, et que c'est aux facultés de ce fluide qu'un grand nombre de faits physiques jusqu'ici mal expliqués doivent être attribués;

3°. Que ce même fluide subtil qui est répandu dans toute la masse de l'air atmosphérique, est la cause essentielle du ressort dont cet air paraît jouir par lui-même, et que c'est aux vibrations communiquées au fluide subtil dont il s'agit; vibrations qui se transmettent avec célérité à travers différens milieux, même à travers des milieux solides, qu'il faut rapporter la cause immédiate du son et du bruit par rapport à nous;

4°. Que le fluide subtil qui constitue la matière propagatrice du son, est parfaitement le même que le *feu éthéré* dont j'ai démontré l'existence dans mes différens écrits, et qu'on peut aussi le regarder comme le même que le *milieu éthéré* dont a parlé Newton, si, à toutes les facultés bien reconnues de ce fluide, l'on n'y joint pas la supposition par laquelle Newton attribue à ses vibrations une vitesse plus grande que celle du mouvement de la lumière, ni une existence au-delà de notre globe (1);

(1) La lumière, comme on sait, met environ 7 minutes à parcourir l'espace qui nous sépare du soleil; elle parcourt donc au moins 760,000 lieues (38,000 myriamètres) par seconde, tandis que les vibrations de la matière du son parcourent à peine un huitième de lieue par seconde..

5°.

5°. Que puisque, parmi les matières invisibles, il en existe au moins une que son extrême rarité met dans le cas de traverser facilement les corps même les plus denses, en sorte que nous ne pouvons jamais la retenir ou en isoler des portions dans aucun vaisseau, il est possible que cette matière, dans certaines circonstances, soit susceptible d'être modifiée et fixée dans les corps, comme un de leurs principes constituans, et que dans d'autres circonstances elle en soit dégagée; elle peut donc jouer un rôle important dans les combinaisons qui se forment, comme dans celles qui se détruisent. Qui est-ce qui raisonnablement osera nier l'importance de cette considération ?

6°. Enfin, que tant qu'on ne sera pas assuré de tenir un compte exact de tout ce qui se passe et de tout ce qui agit dans un phénomène que l'on observe, ou dans un fait que l'on examine, on sera nécessairement exposé à se tromper dans l'explication des causes auxquelles on l'attribuera.

QUESTION.

Qu'est-ce qui rend, en général, les vérités physiques si difficiles à découvrir et à démêler parmi tant d'hypothèses qu'on leur substitue?

RÉPONSE.

C'est l'influence de l'intérêt personnel sur les efforts que l'on fait pour arriver à ces vérités.

A mesure qu'on imagine une théorie quelconque, au lieu de la mettre sérieusement en comparaison avec celles qui peuvent rivaliser avec elle, afin d'en apprécier la valeur, ses partisans se passionnant pour elles, mettent tout en usage pour la faire dominer : dès-lors toutes leurs recherches, toutes leurs expériences sont uniquement dirigées vers ce but : ils n'entendent et ne voient plus que dans le sens de leurs nouveaux principes ; et ce doute philosophique, toujours si réclamé du sage, n'a plus d'accès, n'a plus de pouvoir. Il en résulte que les tentatives que des hommes indépendans font pour trouver mieux, restent sans examen, et long-tems sans utilité.

Ces théories accréditées sont des fleuves débordés qui envahissent tout, et qui rompent les véritables routes qu'il faut suivre ou qui empêchent qu'on ne les pratique.

Nota. Ce Mémoire a été imprimé dans le *Journal de Physique*, frimaire an 8. J'y ai fait des additions.

FIN.

TABLE RAISONNÉE

DES MATIÈRES.

A.

AGATES (les) : Leur formation, p. 128 à 133.

AIR PUR OU ÉLÉMENTAIRE : C'est le *gaz oxigène* des chimistes. Il n'est nullement le radical des matières salines ou caustiques, p. 160.

AMÉRIQUE : Sa partie orientale, surtout dans les régions voisines de l'équateur, est continuellement endommagée par les eaux marines qui ont déjà creusé l'immense golfe de Mexique, formé les Iles-du-Vent et les Antilles, restes de la portion détruite de ce continent, et qui ne tarderont pas à le diviser lui-même en deux parties, en forçant l'isthme de Panama, p. 48 et suiv.

ANTIQUITÉ DU GLOBE TERRESTRE : Combien elle est grande ! Que nos idées étaient petites à cet égard ! p. 88, 89, 90 et 177 à 179.

APLATISSEMENS POLAIRES : Ils se déplacent progressivement et suivent le déplacement des *points polaires*, sans qu'il soit nécessaire que les matières du globe soient dans un état de liquidité, p. 179.

ARGILES (les) : Elles proviennent toutes des *détritus* des végétaux, qui, au moyen des fonctions de leurs organes, ont eux-mêmes préparé et formé les élémens de ces matières ; en sorte que sans eux elles n'eussent jamais existé, p. 153 et suiv.

ASIE : Sa partie orientale, la plus voisine de l'équateur,

est depuis long-tems envahie par les eaux marines qui en ont séparé la Nouvelle-Hollande, et qui, en s'ouvrant des passages dans ces régions, ont formé l'archipel des Moluques et des Philippines; archipel que l'on peut comparer à celui des Antilles, ayant été formé par la même cause, p. 49 et suiv.

B.

Base essentielle de la théorie des chimistes modernes, mise en opposition avec celle de la théorie que j'ai proposée, p. 103.

Bassin des mers : Il doit son existence et sa conservation aux mouvemens perpétuels d'oscillation des eaux marines, entretenus principalement par l'influence de la lune, p. 28 et suiv. Ce bassin se déplace continuellement, et parcourt, quoiqu'avec une lenteur presque inappréciable, tous les points de la surface du globe, p. 39 et suiv.

C.

Carbone (le) : C'est la même chose que le phlogistique des uns, le principe inflammable des autres, le feu fixé carbonique de ma théorie. Il est formé directement et primitivement par les végétaux, à l'aide de l'influence de la lumière, et peut faire partie de matières, soit solides, soit fluides, soit gazeuses, pag. 111 et 156; uni très-intimement à une base terreuse appropriée, il forme alors, selon ses proportions de combinaison, diverses matières métalliques, p. 157 et 202 à 210.

Catastrophe universelle : Il est possible que le globe terrestre en ait essuyé une, mais l'état de la surface et de la croûte externe de ce globe ne le prouve nullement ; ainsi rien n'autorise cette conjecture, pag. 68. Cet état de la croûte externe du globe a pu être tel que nous le voyons actuellement, par l'influence des mouvemens des eaux douces et des eaux marines, p. 10 et suiv. ; par les déplacemens des points polaires et des élévations équatoriales, pag. 52, 53 et 178 ; enfin par l'influence même des corps vivans et des mutations successives que subissent leurs dépouilles, p. 115 et suiv.

Centre de gravité du globe : Il n'est pas le même que le centre de forme ; il se déplace et fait une révolution autour de celui-ci en même tems que le bassin des mers, et que les points polaires font la leur, pag. 34 et suiv.

Comparaison importante de la chaux vive avec le charbon : elle jette un grand jour sur l'état de combinaison du feu fixé dans chacune de ces matières, et qui s'y trouve au *maximum* dans l'une comme dans l'autre, p. 199 à 203.

Coquilles fossiles : La presque totalité de celles qu'on trouve dans toutes les parties découvertes du globe, et qui y sont en quantité au moins aussi considérable que dans les mers même, sont des coquilles marines, p. 63 et suiv. On doit les distinguer en coquilles littorales et en coquilles pélagiennes, p. 64, 85 et 86.

Corps vivans : Leur action organique forme sans cesse des combinaisons qui n'eussent jamais existé sans cette cause, pag. 105, 116 et 117. Leurs détritus donnent lieu à la formation des minéraux, p. 115 et suiv.

Craies (les) : Elles proviennent toutes des animaux qui, au moyen des fonctions de leurs organes, ont eux-mêmes formé ces matières ; en sorte qu'elles n'eussent jamais existé sans eux, pag. 77 à 83, 153, 156.

D.

DÉPLACEMENT DU BASSIN DES MERS, p. 41 à 49. Sa direction trouvant un obstacle dans la résistance qu'oppose l'Amérique, tant que l'isthme de Panama n'est pas rompu, s'incline depuis bien des siècles vers le pole austral, p. 50 à 54.

DÉTRITUS DES CORPS VIVANS : Leur cumulation progressive élève insensiblement le sol des parties sèches du globe, p. 17, 18, 117 et 174. Par suite des changemens qu'ils subissent dans diverses circonstances, ils donnent naissance aux matières composées minérales de tous les genres et de toutes les sortes, pag. 117 et suiv.

E.

EAUX DOUCES : Résultat de leur influence et de leurs mouvemens à la surface du globe, p. 10, et dans l'intérieur de sa croûte externe, p. 125 à 138.

EAUX MARINES : Elles ont constamment un bassin creusé dans l'épaisseur de la croûte externe du globe, et enfoncé de manière qu'il y a toujours des parties solides, comme des continens et des iles, élevées au dessus de leur niveau, p. 27.

ÉCHO (l') : Il se produit dans le point central d'une réunion de réflexions ou de répercussions diverses du fluide subtil et ébranlé qui le forme, p. 243.

ÉLÉVATIONS ÉQUATORIALES : Elles se déplacent comme les aplatissemens polaires, avec une lenteur presque indéterminable, *note de la page* 148, et leur déplacement n'exige point que les matières du globe soient dans un état de liquidité, p. 179. C'est à leurs restes et aux suites de leur déplacement que sont dues les hautes montagnes mal à propos nommées primitives, p. 180 à 183.

F.

FERMENTATIONS (les) : Ce sont les résultats de l'action des *fermens*, c'est-à-dire, ce sont des décompositions spontanées opérées dans la masse de certaines substances qui se trouvent dans les circonstances favorables à ces mutations, et qui y sont entraînées par la provocation des *fermens* et par la tendance au dégagement de tout principe combiné, p. 101 et suiv.

FERMENS (les) : Ce sont des substances provocatrices des fermentations, c'est-à-dire, des décompositions spontanées. Il faut y rapporter toutes les matières dont la combinaison des principes est incomplète, et qui conséquemment contiennent du feu fixé acidifique, c'est-à-dire, le radical de la salinité et de la causticité, p. 186.

FEU FIXÉ (le) : Combinaison de la matière du feu opérée principalement par les corps vivans, et primitivement par les végétaux, pag. 106 et suiv. Lorsque la combinaison de la matière du feu se trouve complète ou saturée, elle constitue ce que je nomme le *feu fixé carbonique* ou le *carbone*, pag. 162; mais lorsque le feu fixé se trouve combiné incomplétement ou sans saturation, alors il constitue ce que je nomme *feu fixé acidifique* ou *sælinifique*; en sorte que les matières qui le contiennent dans cet état, sont de véritables fermens pour leur propre masse, et deviennent par le contact, aterrantes de l'état de combinaison des autres.

c'est-à-dire, provocatrices du dégagement de leurs principes, p. 163.

Fossiles : Ce que c'est, p. 55 et 56. La quantité considérable de *corps marins fossiles* qu'on trouve dans les parties sèches ou découvertes du globe, et l'état dans lequel on les y observe, prouvent que la mer a séjourné long-tems dans les lieux où ces corps se rencontrent, pag. 65 et suiv.

G.

Granit (le) : Ce n'est point une matière primitive; car ses composans ou leurs dérivés proviennent des corps vivans qui, dans ce cas, ont nécessairement préexisté, p. 138 et suiv. Les roches composées qu'on nomme *granits*, ont été formées dans le bassin des mers. Elles résultent de dépôts de molécules intégrantes de leurs composans, amenées successivement dans ce bassin par la voie des fleuves, et qui, en se précipitant avec lenteur, ont pu s'agréger et former les masses que nous retrouvons, p. 142 à 147. Le raccourcissement des fleuves a dû disposer ces dépôts par séries ou par chaînes. Les plus hautes chaînes de ces masses ont dû se former dans les *élévations équatoriales* par les fleuves situés dans ces régions, p. 148, 149 et 180 à 183.

L.

Lapidescence par sédimens, p. 125; par infiltration, p. 125 à 128.

M.

Matière du feu (la) : Employée comme instrument chimique dans les analyses, p. 189; par la voie sèche,

p. 192 ; par la voie humide, p. 211. La fixation particulière de cette matière dans la pierre calcaire calcinée, p. 197 et 198, et d'une manière très-différente dans le charbon, mais de part et d'autre jusqu'au *maximum*, p. 201.

MATIÈRE DU SON (la) : N'est point l'air atmosphérique, comme on l'a cru jusqu'à présent, en lui attribuant un degré d'élasticité et une célérité dans la propagation de ses ébranlemens qui ne lui appartiennent point; mais c'est un fluide subtil, invisible, très-élastique, répandu partout et dans tous les corps, et dont les ébranlemens, qui forment le *bruit* ou le *son*, se transmettent avec une intensité ou une force qui est en raison directe du choc ou de la vibration des corps, et à la fois de la densité des milieux à travers lesquels cette matière subtile propage ses ébranlemens, p. 225. C'est parfaitement la même que le *feu éthéré*, puisqu'elle lui ressemble dans toutes ses qualités et ses propriétés reconnues, p. 251, 252.

MÉTALLISATION (la) : C'est l'acte d'une combinaison très-intime d'une quantité de carbone avec une base terreuse appropriée que la Nature sait opérer par des moyens encore inconnus, et que l'art parvient à exécuter à l'égard de certaines substances qui peuvent parvenir à l'état de *métal*, ou auxquelles il manque peu pour y être rétablies, p. 157 et 202 à 210.

MINÉRAUX : Résultats plus ou moins fixes des mutations que subissent les détritus des corps vivans, jusqu'à l'entier dégagement des principes combinés qui les constituaient, p. 115. Leur formation, p. 123.

MONTAGNES (les) : Toutes celles qui ne sont pas le produit d'irruptions volcaniques, ont été taillées dans la masse du sol des plaines, par le résultat de l'influence et des mouvemens des eaux douces, pag. 11 et suiv. p. 148 et 149. La plupart d'entre elles furent auparavant formées dans le bassin des mers, et ensuite encaissées dans le sol qui, se trouvant à sec et recouvert de corps vivans, s'est graduellement élevé autour et au dessus d'elles. Enfin les plus hautes d'entre elles sont les restes d'anciennes élévations équatoriales, p. 173 à 183.

MONUMENS authentiques qui attestent que la mer a séjourné dans tous les points de la surface du globe, où maintenant elle n'est plus, p. 54 et suiv.

P.

PÉTRIFICATIONS (les) : Leur formation, p. 136.

POINTS ÉQUINOXIAUX (les) : Ils se déplacent continuellement, déplacent en même tems les époques des saisons, sans changer leur ordre ni les climats, et font une révolution complète dans le zodiaque, dans un espace de tems beaucoup plus court que celui qui est nécessaire pour opérer la révolution des points polaires, p. 177 à 179.

POINTS POLAIRES (les) : Ils se déplacent continuellement, mais avec une lenteur presque inappréciable, et qui est proportionnée à celle du déplacement du bassin des mers, p. 52, 53 et 87. Ils déplacent en même tems les *élévations équatoriales* et les climats, p. 178, 179 et 180 (1).

---

(1) La lenteur de ces déplacemens est si considérable, que, selon le premier aperçu du calcul que j'en ai fait, le *bassin des mers* et les

PRINCIPES (les) : Dans tout composé quelconque, les principes combinés qui le forment, ont une tendance à se dégager de l'état de combinaison, p. 99 et 100. Il ne faut jamais perdre de vue que les principes des composés ne constituent point les masses que nous connaissons de ces composés, et ne sont pas non plus leurs molécules intégrantes, mais qu'ils composent par leur union la *molécule intégrante* de chaque sorte de composé, dont la considération est si importante, p. 172.

S.

SILICE OU TERRE VITREUSE (la) : C'est la seule substance terreuse élémentaire qui existe, et conséquemment la seule qui ne soit pas composée. On parvient à la combiner avec des matières alkalines et quelques

---

points polaires emploient 9 millions de siècles à faire une révolution complète, dans la supposition d'une retraite des eaux de 2 toises (4 mètres et plus) par siècle, l'inclinaison du plan des rivages étant supposée de 19 degrés ; ce qui forme un déplacement des eaux d'un pouce 5 lignes par an, et un abaissement sur les rives de près de 6 lignes.

Ainsi, un point de la surface du globe abandonné par les eaux, n'ayant à peu près qu'un tiers du tems de cette révolution à rester en saillie avant de subir un nouvel envahissement, il en résulte que tout pays nouvellement sorti des eaux, doit s'attendre, selon le cours ordinaire des choses, à y rentrer au bout de 3 millions de siècles.

Comme nous mettons toutes les durées en comparaison avec celle de notre existence éphémère, combien notre imagination ne doit-elle pas être étonnée en pensant à un espace de tems aussi énorme ! Mais pour la Nature, ces durées, qui accablent notre pensée, ne sont que des instans.

autres ; mais on ne la décompose point. Elle n'a point été formée par les corps vivans ; mais elle se trouve masquée dans leurs parties, surtout dans leurs solides et dans leurs détritus terreux, parce qu'au moyen des fonctions de leurs organes, ils l'ont combiné avec divers autres principes, pages 126, 129, 133 à 136 et 156.

Nota. Pour ceux de mes lecteurs qui, par des motifs qu'il n'importe point de rechercher ici, n'ont pas pris connaissance des considérations importantes exposées dans mes *Mémoires de Physique et d'Hist. naturelle*, et qui conséquemment ne peuvent pas suffisamment apercevoir la liaison et le fondement des principes mentionnés dans la IVe. partie de mon *Hydrogéologie*, cette *Table raisonnée des matières* sera très-avantageuse à consulter, parce qu'elle offre les principales de ces considérations réduites à leur expression la plus simple.

FIN DE LA TABLE.

www.ingramcontent.com/pod-product-compliance
Ingram Content Group UK Ltd.
Pitfield, Milton Keynes, MK11 3LW, UK
UKHW020544180726
13838UKWH00001B/30